d'Assa[illegible]

De 1916 à 1918

PAR

le Lieutenant-Colonel R. LAFITTE

Avec 8 croquis dans le texte et 1 carte hors texte.

PARIS
HENRI CHARLES-LAVAUZELLE
Éditeur militaire
124, Boulevard Saint-Germain, 124

MÊME MAISON A LIMOGES

1921

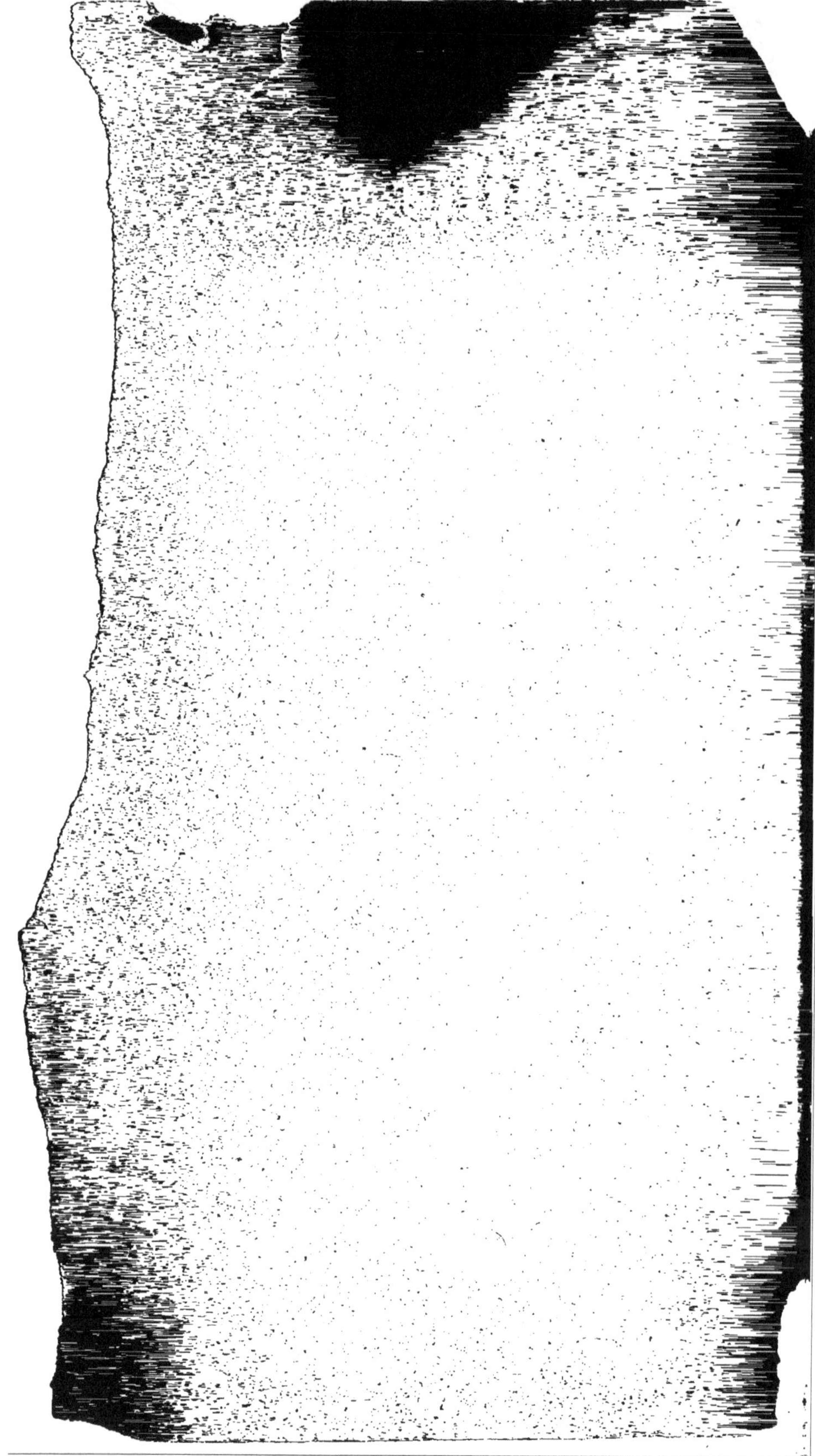

L'Artillerie d'Assaut

L'Artillerie d'Assaut

De 1916 à 1918

PAR

le Lieutenant-Colonel R. LAFITTE

Avec 8 croquis dans le texte et 1 carte hors texte.

PARIS
Henri CHARLES-LAVAUZELLE
Éditeur militaire
124, Boulevard Saint-Germain, 124

MÊME MAISON A LIMOGES

1921

Ordre général n° 114.

Depuis le début d'avril, l'artillerie d'assaut vient d'affirmer, en trente combats et deux batailles rangées, sa haute valeur offensive.

Ratifiant le suffrage unanime de l'infanterie qui fit, dès le premier jour, à ses nouveaux frères d'armes une part de gloire dont ils garderont la fierté, le commandant en chef adresse à tous ses félicitations.

Équipages de chars qui, après avoir contribué puissamment à arrêter l'ennemi, l'avez rompu au 11 juin et au 18 juillet;

Ingénieurs qui avez conçu et mis au point ces engins de victoire;

Ouvriers de l'usine qui les avez réalisés;

Ouvriers du front qui les avez entretenus;

Vous avez bien mérité de la Patrie.

Le Général commandant en chef,

PÉTAIN.

G. Q. G., le 30 juillet 1918.

L'Artillerie d'Assaut

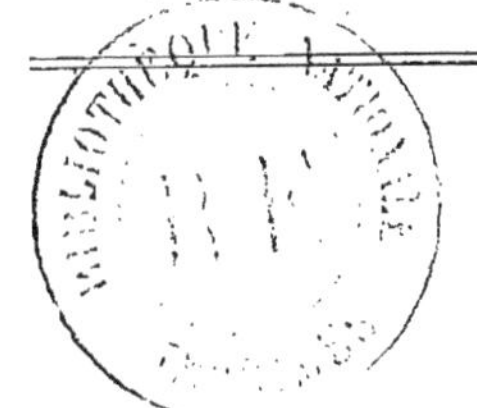

I.

La genèse.

Quand nos vaillants frères d'armes de l'armée britannique, les Anglais, à la bravoure froide et souriante à la fois, lancèrent un matin de septembre 1916, sur le champ de bataille de Bapaume, contre le front barbelé des Boches, cet engin automobile qui allait lentement et sûr de lui, insensible aux crépitements diaboliques des mitrailleuses déchaînées, et méprisant les tirs de barrage foudroyants que l'artillerie allemande avait spontanément déclanchés à la vue de cette apparition spectrale, l'univers tout entier dont la vie était suspendue depuis deux longues années aux sanglantes péripéties de cette lutte de Titans eut un sursaut de stupéfaction.

Tout d'abord, les cyniques maréchaux du kaiser rouge protestèrent hypocritement contre l'emploi d'une arme aussi traîtresse et barbare! Pensez donc, cette méprisable petite armée anglaise, comme ils l'avaient dédaigneusement qualifiée au début des hostilités, avait osé armer contre eux une escadre de cuirassés terrestres, des tanks monstrueux!

Mais en face d'eux, dans les rangs des Alliés, une grande lueur d'espérance en même temps passa : le dogme de l'inviolabilité du front tombait en faillite, le problème de la percée semblait être résolu...

Le coup d'essai des Britanniques — car l'attaque par les tanks à Bapaume ne fut qu'un coup d'essai —

fit réaliser en France des projets que, seule, l'ambition de toujours mieux faire avait empêchés d'aboutir depuis plus d'une année.

Le 30 septembre 1916, notre artillerie d'assaut était créée. Son berceau fut le camp de Champlieu, près de Compiègne.

La Société Schneider, du Creusot, qui était chargée de construire des chars d'un certain type, y envoyait, le 1er décembre, la première section du premier groupe d'artillerie d'assaut; puis, quelques jours plus tard, c'était la Société des Forges et Aciéries de Saint-Chamond qui y faisait transporter des chars d'un autre modèle.

Les caractéristiques de ces deux types de chars étaient les suivantes :

Char Schneider. — Masse métallique allongée, de 6 mètres de long sur 2 mètres de large et 2m,40 de hauteur, actionnée par un moteur à explosion de la force de 60 chevaux.

Armement : Un canon de 75 et deux mitrailleuses Hotchkiss.

Équipage : Un officier chef de char, un sous-officier et quatre hommes dont deux mitrailleurs et un canonnier.

Poids total : 13 tonnes et demie.

Vitesse de marche : 2 à 4 kilomètres à l'heure; pouvant gravir, à la vitesse de 2 kilomètres, des rampes de 55 pour 100.

Puissance de franchissement : variant de 1m,50 à 1m,80.

Char Saint-Chamond. — De masse un peu plus forte et d'un poids plus lourd, sa longueur atteignait

7^m,91, sa largeur 2^m,67, sa hauteur 2^m,365. Son moteur développait une force de 90 chevaux.

Armement : Un canon de 75 et quatre mitrailleuses Hotchkiss.

Equipage : Un officier chef de char, un sous-officier chef de pièce et deux hommes pour la manœuvre du canon; un tireur pour chaque mitrailleuse, enfin un mécanicien conducteur; au total 9 hommes.

Poids du char en ordre de marche complet : 24 tonnes.

Sa vitesse de marche moyenne fournissait 8 kilomètres à l'heure.

Il franchissait des coupures de 1^m, 80 de large et escaladait nettement des pentes de 70 à 80 pour 100.

Particularités communes aux deux modèles. — Les appareils moteurs, l'armement et l'équipage étaient enfermés dans un caisson blindé à l'épreuve de la balle perforante, des éclats de grenade et d'obus.

Mais pourquoi, dira-t-on, deux modèles de chars d'assaut dès l'origine? N'était-ce pas compliquer inconsciemment et la construction et l'étude de leur emploi ?

De cela on connaît plusieurs raisons dont une au moins peut être dite ici sans inconvénient, et celle-là d'ailleurs fournit une explication plausible; c'est celle qui avait fait adopter, en artillerie, des canons de calibres divers, et, en aéronautique, des avions de formes et de dimensions différentes.

De quoi s'agissait-il en somme? De réaliser cette conception vieille comme l'histoire des peuples dits civilisés et qui apparaît déjà très clairement dans les récits homériques et jusqu'aux temps antiques où triomphait Babylone.

La formule, dans son adaptation au char moderne, remonte déjà assez loin, car c'est Léonard de Vinci, le peintre de la Joconde, grand ingénieur à ses heures, qui, vers 1480, écrivit à Ludovic le More, duc de Milan : « Je ferai des chariots couverts et sûrs et inattaquables, s'ils pénétraient dans les rangs ennemis avec leur artillerie, ils rompraient même la troupe la plus nombreuse de gens d'armes. Derrière eux, l'infanterie pourra s'avancer sans péril et sans empêchement. »

Or, le 1er décembre 1915, un officier français adressait à son général en chef, une lettre dont le fond rappelle celle de l'illustre Toscan et que voici :

« J'ai eu l'honneur depuis un an d'appeler, à deux reprises, votre haute attention sur l'emploi de cuirassements mobiles pour assurer directement la progression d'infanterie. Après les dernières attaques, je regarde comme possible la réalisation de véhicules à traction mécanique permettant de transporter à travers tous les obstacles et sous le feu, à une vitesse supérieure à 6 kilomètres à l'heure, de l'infanterie avec armes et bagages, et du canon. »

L'auteur de cette lettre était le colonel Estienne, qui avait été l'un des premiers organisateurs de l'aviation militaire.

Et c'est cet officier supérieur que nous retrouvons un peu plus tard, au camp de Champlieu, où le Grand Quartier Général l'a chargé de la création de l'artillerie d'assaut.

Sous sa haute direction et la maîtrise de son commandement, en peu de temps, les équipages des chars s'instruisent, les unités se forment, les groupements se constituent, tous s'entraînent et se préparent pour les plus prochains grands combats.

II.

La physionomie du combat.

Pour suivre plus aisément l'action des chars d'assaut dans la dernière guerre, pour saisir sur le vif les raisons qui ont conduit aux règles et méthodes de leur emploi tactique, une physionomie du combat telle qu'il nous a été donné de la voir, ou réellement ou spéculativement, semble devoir être évoquée ici tout d'abord.

Voici en premier lieu, schématiquement, la description du terrain sur lequel l'action va se dérouler.

Les photographies aériennes, les derniers tirages des plans directeurs, les interrogatoires de prisonniers et déserteurs ont permis à l'état-major de préciser jusqu'à un certain point les organisations défensives de l'ennemi.

Echelonnées en profondeur, trois positions successives, la deuxième à 5 ou 6 kilomètres en arrière de la première, la troisième à une distance approximativement égale derrière la deuxième suivant le terrain.

L'ossature de chacune de ces positions est constituée par une tranchée de première ligne, ou tranchée de tir, dite parallèle principale; elle est précédée d'un réseau de défenses accessoires, généralement en fil de fer barbelé, plus ou moins épaisses, plus ou moins enchevêtrées, plus ou moins résistantes; elle est la base de toute l'organisation; elle constitue la ligne de résistance des troupes de garde ; elle forme l'obstacle contre les assaillants et le couvert pour les défenseurs; elle est tracée et établie de façon que ses points sensibles puissent le mieux possible échapper ou résister aux efforts destructeurs de l'artillerie adverse, et, par suite, être défilés aux vues dans la mesure où la situation tactique le permet.

Couvrant la parallèle principale, un dispositif de surveillance est établi pour arrêter les patrouilles adverses, prévenir en cas d'attaque. Ce dispositif comporte des postes isolés, qui sont englobés dans le réseau de défenses accessoires, et est relié en arrière avec la parallèle principale par des boyaux à ciel ouvert, ou des communications souterraines, qu'utilisent les guetteurs, au moment de l'attaque, pour se replier sur la ligne principale de résistance

A 200 mètres environ en arrière de la parallèle principale, une autre tranchée, dite parallèle de soutien, a pour but d'abriter les troupes de renfort, de constituer à leur profit une ligne de résistance en cas de perte momentanée de la parallèle principale; elle comporte des abris à l'épreuve organisés en vue du combat et garantis contre la surprise.

Enfin, une troisième ligne qui est plus ou moins distante de la parallèle de soutien, et qui se nomme parallèle des réduits, répondant aux mêmes besoins que la précédente et garantissant en outre la couverture de l'artillerie de la défense.

Toutes ces positions constituent le domaine réservé à l'infanterie avec ses grenades, mitrailleuses, canons légers, mortiers et tous autres engins de tranchée.

Des aménagements spéciaux y ont été réalisés pour se prémunir contre l'agression éventuelle des chars d'assaut de l'attaque : obstacles passifs qui immobiliseront les appareils ou canaliseront leur progression vers les zones bien battues par le feu des canons de la défense, et, dans les intervalles, des lignes de torpilles enterrées, des champs de mines sur les points de passage, le tout flanqué par des canons antichars, des mitrailleuses spéciales de fort calibre, des fusils antichars tirant une balle perforante de 13mm, etc...

Rien n'est négligé pour combattre les chars d'assaut que les Allemands appellent des « rouleaux de feu ».

Ainsi, les trois positions successives, échelonnées sur une profondeur totale de 8 à 10 kilomètres, feront que, lorsque la première sera tombée, une nouvelle attaque devra être montée de toutes pièces pour enlever la deuxième, nécessitant les mêmes moyens d'action, les mêmes effectifs de combattants, les mêmes efforts que ceux mis en œuvre dans la première phase...

Et il devra en être de même pour atteindre la dernière position, la dépasser et poursuivre l'offensive en rase campagne.

Et maintenant considérons, si vous le voulez bien, sur ce terrain fortifié, les troupes d'attaque qui viennent de conquérir la première position.

Cette conquête a été extrêmement coûteuse : les colonnes d'assaut sont décimées; les bataillons, réduits à l'état de squelettes, ne projettent plus autour d'eux que des ombres de compagnies, sur un champ de mort qui a pris l'aspect terrifiant d'un bouleversement volcanique et couvert d'épaves misérables, débris de matière et d'humanité, s'entrechoquant horriblement à la surface; ce n'est plus qu'une épouvantable désolation. Et c'est là pourtant que, durant la nuit suivante, venus en renforts de tous les autres points du front, par lourds et longs convois automobiles, se dresseront tout à coup de nouvelles masses d'hommes et d'engins de combat, tout prêts à se jeter à leur tour dans le gouffre béant...

Tel est bien, n'est-il pas vrai, le panorama d'un champ de bataille comme en ont vu nos yeux?

Appliquons-lui, par la pensée, le schéma d'un plan d'action théorique. Le jour « J » est arrivé, l'heure « H » a sonné.

Vous connaissez le sens et la portée de ces deux troublantes majuscules. Nous avons appris, en effet, qu'une grande opération demande souvent de longs mois de préparation et que l'on ne peut en préciser longtemps à l'avance ni la date ni l'heure de sa réalisation.

L'offensive d'avril 1917, par exemple, celle où ont paru pour la première fois nos chars d'assaut, et qui, à ce titre, doit spécialement arrêter notre attention ici, cette offensive n'avait-elle pas été décidée en novembre 1916, à Chantilly, par tous les chefs des armées alliées réunis en une conférence toute particulière? Or, fixée tout d'abord au mois de février 1917, elle fut retardée pour diverses causes, et surtout pour ces deux événements imprévus qui renversaient toutes les données du problème : la révolution russe, entraînant la désorganisation définitive des armées du tsar, et la dérobade de Hindenburg, créant une situation stratégique nouvelle, à laquelle ne répondait plus le projet initial.

Ce n'est que le 6 avril, dans le train du président de la République, garé à Compiègne, que l'attaque fut décidée et fixée au 16 avril. On a prétendu que, trois jours avant, les Allemands savaient qu'ils seraient attaqués devant Brimont le 16, à trois heures du matin. C'est probablement vrai; mais comment l'avaient-ils su?

Il nous semble que l'histoire de ce sergent tué dans le voisinage du fort de Brimont et sur lequel les Allemands auraient trouvé, comme par hasard, les dispositifs d'attaque de notre Ve armée, avec l'indication du jour et de l'heure, est bien singulière, pour ne pas dire invraisemblable.

Quoi qu'il en soit, elle vient à point pour montrer combien il est sage de n'indiquer, sur un plan d'attaque, le jour et l'heure du déclanchement de l'action, que par les lettres « J » et « H », et de ne remplacer ces lettres par des chiffres qu'au dernier moment.

Ceci dit, groupons autour de ces deux signes tous les actes qui s'y rapportent. Depuis J-1 ou J-2, c'est-à-dire depuis la veille ou l'avant-veille, les pièces d'artillerie de tous calibres sont accumulées dans des proportions fantastiques en face des objectifs à battre (pour l'offensive d'avril 1917, on comptait un canon par 80 mètres courants, et 1.000 kilogrammes de mitraille à jeter par mètre carré).

Tous ces engins de mort font, avec un bruit d'enfer, une prodigieuse besogne.

C'est la période des destructions.

Ceux qui ont gardé dans les yeux la vue des positions avancées ennemies au moment où elles tombaient en notre pouvoir, expriment d'un mot l'horreur du spectacle : c'était comme un éventrement total des organisations défensives et de leurs occupants; réseaux de fil de fer hachés, tranchées larges et profondes à peu près nivelées, abris d'épaisses charpentes incendiés, blockhaus en béton écroulés, barricades aux armatures métalliques renversées, et, sur tout cela, des cadavres n'ayant plus de forme humaine, mêlés à quelques survivants inertes aux yeux fous. Parfois, au bord des lèvres ravagées d'un immense entonnoir, toutes les parties métalliques de l'équipement et de l'armement d'un poste de guetteurs : casques, plaques de ceinturons, canons de fusils, baïonnettes, boutons de capotes, clous de souliers, seuls et derniers vestiges d'hommes d'armes subitement volatilisés, comme par un coup de foudre, par un formidable explosif...

Les tirs de destruction sont attentivement contrôlés par tous les observatoires tant terrestres qu'aériens; car, suivant leur plus ou moins grande efficacité, on les nuancera : intensifiés sur certains objectifs plus résistants, et affaiblis sur des points n'offrant plus qu'un intérêt moindre.

C'est le travail de l'artillerie à plus ou moins longue portée. Mais voici l'infanterie, la grande héroïne de cette guerre, dans son anonymat sublime; voici les troupes de choc se portant à l'attaque; les voici dans leur progression magnifique et superbe, escortées de tout ce qui se glorifie de leur servir d'auxiliaires!

1° L'artillerie, avec son barrage d'accompagnement qui est fait d'obus percutants venant tout d'abord exploser immédiatement au delà de la parallèle de départ. pour permettre à l'infanterie d'en surgir à couvert, et qui est ensuite allongé vers l'ennemi par courts enjambements, balayant l'estrade et continuant à faire office de masque devant les vagues d'assaut.

En même temps, les tirs de contre-batterie persistent à neutraliser l'action de l'artillerie adverse, pendant que les tirs de barrage de protection étendent une couverture profonde sur tout le front et sur les flancs des colonnes d'attaque au moyen d'obus explosifs à tir rapide qui exaltent nos troupes tout en déprimant le moral des troupes ennemies.

2° L'aéronautique qui sort en force avec tous ses moyens, pour affirmer et exploiter la supériorité aérienne réalisée dans les combats de préparation.

Les avions de commandement d'infanterie et d'artillerie, ainsi que les ballons, remplissent leur mission de commandement, d'observation et de réglage.

De plus, les avions d'infanterie se signalent par leur fusée indicative qu'ils lancent en volant assez bas et légèrement en avant de l'infanterie pour lui donner confiance.

Entre la parallèle de départ, d'où s'élancent nos troupes d'assaut, et la position ennemie qui lui fait face, dans ce vide vertigineux du champ de bataille, nos bataillons d'infanterie du premier échelon, par vagues successives, progressent derrière le barrage roulant d'artillerie, la vague de tête collant aux obus; les autres vagues suivent à la distance conventionnellement fixée.

Et c'est ainsi que, de poussée en poussée, toutes ces vagues, appuyées et soutenues par les chars d'assaut qui semblent être les rochers émergeant de cette mer humaine, arrivent à submerger la première position ennemie et ensuite les autres successivement, selon l'horaire établi au plan d'engagement; elles s'y arrêtent et s'y cramponnent en utilisant les tranchées, boyaux, trous d'obus pour s'assurer la possession du terrain conquis.

III.

Un mot sur l'organisation de l'A. S.

« Artillerie d'assaut », c'est l'appellation qui a fini par prévaloir, en France, pour désigner les unités constituées de ces sortes de chars de combat que nos alliés britanniques nous ont, tout d'un coup, fait connaître sous le nom de « tank ».

On peut se demander pourquoi, chez nous, l'on n'a pas accordé officiellement droit de cité à ce mot devenu si vite populaire. et que l'usage nous imposera sans doute un jour. avec l'inscription d'office au Dictionnaire de l'Académie qui en donnera l'explication suivante :

« *Tank*, mot anglais, dont la traduction française est citerne ou réservoir.

» Vers le milieu de 1915, aux ateliers de Lincoln, les ingénieurs anglais construisirent des engins de guerre à chenilles qui étaient destinés à leurs alliés de Russie.

« Pour obtenir le secret de fabrication, on fit accroire que l'on construisait de simples réservoirs d'eau, récipients bien inoffensifs, et le mot *tank* leur resta définitivement. »

Est-ce par un scrupule de style que ce mot, nullement approprié à son objet, a été écarté de notre terminologie ? Qui le sait ?

Toujours est-il que nos formations de tanks ont reçu tout d'abord le nom de « régiments de chars blindés » et, en fin de compte, celui de « régiments d'artillerie d'assaut », et, par abréviation, « R. A. S. ».

Le nom importe peu du reste, mais il faut que

nous sachions bien qu'il n'implique aucune idée de l'emploi tactique de cette arme nouvelle sur le champ de bataille; d'autant que les chars d'assaut ont toujours marché à l'attaque dans les rangs de l'infanterie, dont on peut dire, en vérité, qu'ils ont été les « boucliers roulants ».

D'ailleurs, le combat en commun de l'infanterie et de l'artillerie d'assaut — ces deux armes sœurs — a été imposé et sanctionné par l'expérience, et nous allons voir dans ce qui va suivre combien son mode d'action est intimement lié à celui de l'infanterie.

× ×

Note de l'éditeur. — L'idée implicitement exprimée dans cette page : chars d'assaut, arme de l'infanterie, se trouve aujourd'hui réalisée par le décret du 13 mai 1920 qui substitue à l'appellation « artillerie d'assaut » celle de « chars de combat » et rattache cette arme à la direction de l'infanterie.

IV.

L'A. S. au combat.

Nos chars d'assaut, au printemps de 1917, entraient donc dans le plan général de la grande offensive montée par le général Nivelle.

Je rappelle ce plan en quelques traits :

1° *But :* Rupture du front ennemi ;

2° *Objectifs immédiats :* Plateaux de Braye et de Craonne, hauteurs de Brimont, de Berry, de Moronvilliers, au nord et à l'est de Reims ;

3° *Objectifs éloignés :* Laon et Saint-Quentin ;

4° *Moyens :* 850.000 hommes de toutes armes, 2.700 canons de 75, 2.300 canons lourds, plusieurs milliers de mitrailleuses, 200 chars d'assaut et une puissante aviation ;

5° *Raisons d'attaquer :* Malgré la carence de l'armée russe, malgré la dérobade des armées de Hindenburg, malgré son désaccord avec le ministère, malgré les circonstances atmosphériques particulièrement défavorables, en dépit de tout et quand même, le général Nivelle avait décidé d'attaquer, parce que, disait-il, c'était entendu avec le maréchal Douglas Haig, et que, surtout, « si nous ne prenions pas l'initiative, l'ennemi s'en saisirait ».

Et ce qui avait été décidé s'accomplit.

Le dispositif est établi de telle sorte que l'effort principal en profondeur, en vue d'effectuer la rupture et d'aborder l'exploitation, doit s'exercer dans la région au nord de l'Aisne, avec la VIe armée face au

Chemin-des-Dames, et la Ve armée à l'est du plateau de Craonne, face au nord-est.

Or, dans cette même région, l'ennemi organisait, d'une part, à l'est de Berrieux, et, d'autre part, entre le bois Claquedents et Neufchâtel-sur-Aisne, une ligne nouvelle presque insaisissable pour nos préparations d'artillerie, d'où l'idée vint de faire intervenir les chars d'assaut ; première application d'un des principes de leur emploi : frayer à l'infanterie des passages à travers les organisations ennemies peu ou point ébranlées par l'artillerie.

Leur champ d'action se trouve donc être ce grand glacis découvert qui s'élève de Berry-au-Bac vers le nord-est. Il est limité et dominé à l'ouest par le massif de Craonne fortement occupé par l'ennemi ; l'Aisne le borde au sud, et, de ce côté aussi, l'ennemi le commande du mont de Sapigneul, de ces pitons 93 et 108 rendus fameux par les incessants combats que nous y livrions depuis 1914. (*Voir croquis n° 1.*)

Dans le plan d'action voici comment sont réparties les unités de chars d'assaut :

Un groupement de 82 chars Schneider formant cinq groupes (les 2e, 4e, 5e, 6e et 9e) pour la principale attaque entre l'Aisne et la Miette. Quatre de ces groupes sont affectés à la 69e D. I. et un à la 42e D. I. (divisions du 32e corps d'armée). Ils ont pour objectifs le front défensif Prouvais-Neufchâtel.

Un second groupement, composé de trois groupes (les 3e, 7e et 8e) avec 50 chars Schneider, pour collaborer à l'attaque de la 10e D. I. du 5e corps d'armée, à l'ouest de la Miette, en direction d'Amifontaine.

L'emploi de ces deux groupements n'est prévu que pour l'attaque de la troisième position allemande, après l'enlèvement des deux premières par l'infanterie et une grosse préparation d'artillerie.

Partis du camp de Champlieu en chemin de fer, ces deux groupements viennent débarquer le matin du 12 avril, l'un en gare de Courlandon et l'autre auprès de Venteley. De là, roulant sur route, ils se hâtent vers leurs positions de rassemblement au village de

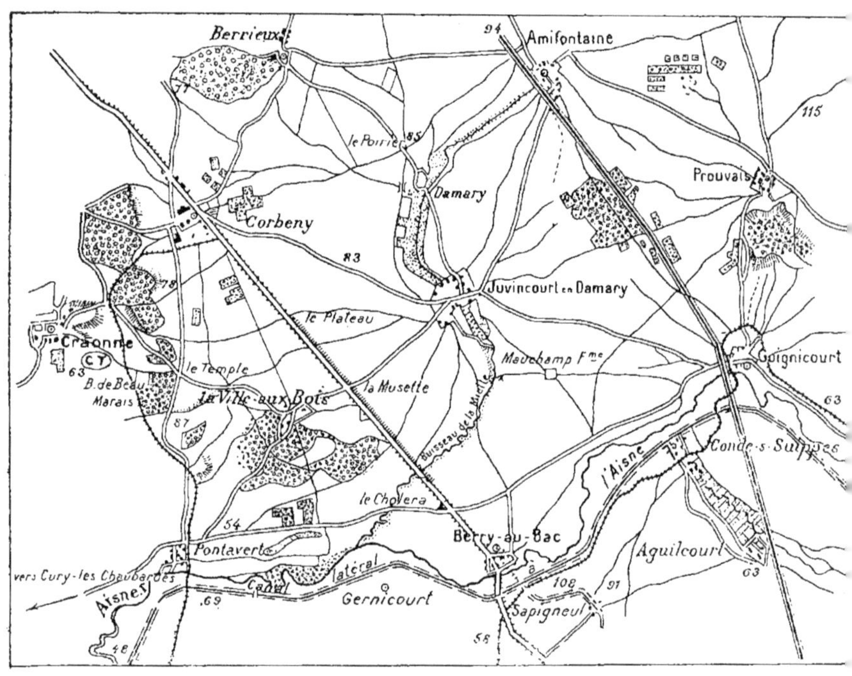

Croquis n° 1.

Cury-les-Chaubardes, au nord de l'Aisne, le dernier couvert utilisable avant d'aborder le terrain de combat. Ils y parviennent à vingt-quatre heures d'intervalle l'un de l'autre, le premier groupement dans la nuit du 12 au 13, et le second dans la nuit du 13 au 14.

1° Bataille du 16 avril 1917.

Le 16 avril, à partir de 2 heures du matin, tandis que notre artillerie faisait rage, les chars du premier groupement s'insinuaient vers leur position d'attente, en deçà et aux abords de Pontavert.

A 6 h. 30, telle une énorme chenille, chacun des différents groupes débouche par la sortie est de Pontavert et se déroule, en file indienne, sur la route de Guignicourt.

Le groupe 2 s'avance le premier. Avec lui marche le commandant du groupement, le chef d'escadron Bossut. Il était de ces officiers d'élite — Poilus des Poilus ! — qui conduisaient leurs soldats selon cette forte devise : « Je les commande, donc je dois marcher à leur tête pour qu'ils me suivent ! »

Les fantassins du 32° corps d'armée, diables en bleu, mènent le train d'un élan irrésistible. Déjà ils ont emporté les premières lignes et abordé la deuxième position.

A l'artillerie d'assaut, maintenant, de prendre l'affaire en mains et de jouer son rôle !

Vers 8 heures du matin, sur la route, entre le pont de la Miette et la ferme du Choléra, la colonne de chars commence par être prise sous le feu de l'ennemi. Elle avance quand même, car son chef est en tête. Elle double les lignes françaises à la hauteur du Choléra, et se met à franchir les tranchées allemandes.

Sur le coup de 11 heures, le long de la Miette, sous Juvincourt, le groupe de tête, le superbe groupe 2, se déploie, les équipages préparant eux-mêmes le passage des tranchées trop larges sous les obus ennemis. Sept chars passent sans dommage sérieux ; ils pointent sur le bois Claquedents, leur objectif à atteindre; trois autres les suivent péniblement mais résolument; les quatre derniers s'échouent dans les effondrements de tranchées...

Et c'est là que le commandant Bossut brûle, dans son char incendié par un obus, mort tragique et volontairement risquée, et qui, par cela même, fera de cet officier supérieur un héros de légende et comme le Guynemer de l'artillerie d'assaut.

Mais les quatre groupes restants, que sont-ils devenus? N'ont-ils pas roulé dans le sillage de celui du chef qui marchait en tête précisément pour qu'on le suive? Certainement oui, car les voici s'avançant dans l'ordre initial de marche. D'abord le groupe 6. Il vient se déployer sur le même front que les sept premiers chars, le long de la Miette, face au bois Claquedents; c'est comme la deuxième vague des chars d'assaut, pourrait-on dire. Cependant les difficultés se sont aggravées : l'ennemi s'est ressaisi et il a réagi violemment. Le terrain bouleversé par le bombardement rend la marche traînante et cahoteuse, et les mitrailleuses en interdisent l'accès aux unités d'infanterie.

Bientôt, des positions de Juvincourt et du bois Claquedents, l'artillerie ennemie, tirant de plein fouet, fait son œuvre destructrice, pareille à un cyclone frappant des vaisseaux désemparés sur une mer houleuse.

Vers midi, cinq chars prennent feu et flambent; deux autres sont attaqués par un canon de 77 que trois artilleurs allemands continuent à servir, dissimulés là, tout proche, suivant la tactique innovée par l'ennemi pour la lutte antichars, duel épique où succombent, l'un près de l'autre, les deux adversaires qui se sont porté mutuellement des coups mortels. A 14 h. 30 se déclanche une contre-attaque de fantassins allemands qui, revenus de leur surprise, s'enhardissent jusqu'à sortir de leurs tranchées de Damary.

Nos chars, privés de leur escorte d'infanterie, abandonnés à leurs propres moyens, semblent à l'Allemand d'une prise facile. Faux calcul ! L'inertie apparente de ces engins dégage soudain une énergie combative des plus intenses. Ceux demeurés sans blessures graves dressent devant l'assaillant le barrage de feu de leurs canons et de leurs mitrailleuses, et ceux qui ont été détruits mais dont les équipages ont eu la chance de ne pas périr à leur bord, se trouvent défendus de l'extérieur par ces rescapés invincibles qui, ayant pu se réfugier dans des trous d'obus, se battent en fantassins. Cette résistance suprême permet à tout ce qui reste des groupes 2 et 6 de se replier en bon ordre à l'abri des positions entre la Mietté et la ferme Mauchamps. Et ce n'est pas grand'chose relativement : neuf chars du groupe 6 et cinq du groupe 2. Ce dernier n'a plus de capitaine; il a été tué au cours de l'action; mais le chef du groupe 6 a pris le commandement de l'ensemble, l'a remis en ordre et en condition de reprendre l'attaque pour aider les 151e et 155e R. I. qui se disposent à tenter l'assaut de la cote 78.

Il est 5 heures du soir. Il y a quinze heures que les chars combattent. Mais que leur importe ! Bravement, stoïquement, décidés, résolus à aller jusqu'au bout de leur sacrifice, peut-être même obéissant inconsciemment à un ordre posthume de celui qui les commandait au départ et qui est mort le premier — tant est puissante la force de l'exemple du chef sur une troupe au combat ! — ils se forment en bataille, en avant des colonnes d'attaque et leur ouvrent l'accès de la position ennemie où elles pénètrent à la tombée de la nuit.

C'est fini. Ces chars ont accompli leur mission et ils se retirent du champ de mort, spectres nocturnes que poursuivent de leur rage les batteries ennemies dont les coups abattent encore quatre d'entre eux près de cette ferme maudite du Choléra.

Le groupe 5 y revient aussi au même moment, rentrant d'un raid moins coûteux bien que de plus large envergure. Ce groupe, opérant à la droite des deux premiers, avait aidé l'infanterie à prendre pied dans les lignes ennemies au nord de la ferme Mauchamps; puis, après avoir sacrifié six chars restés en panne, il avait réussi à en pousser neuf au delà. Mais comme l'infanterie n'avait plus progressé en raison des pertes subies, le commandant du groupe ne s'était pas cru autorisé à faire cavalier seul, et il avait stoppé avec son gros, non sans prendre soin d'étendre comme des tentacules, jusqu'aux limites extrêmes de sa zone d'action, trois de ses meilleurs patrouilleurs, dont l'un avait pu pousser jusqu'à la voie ferrée Guignicourt-Amifontaine.

Entre temps, l'ordre lui était parvenu de rentrer dans nos lignes sans plus tarder, et c'est ainsi qu'il s'était retrouvé au point de départ, au même moment que les débris des groupes 2 et 6.

Derrière le groupe 5, dans la colonne, au départ, marchait le groupe 9. Aux abords de la ferme Mauchamps il s'était déployé à la droite du précédent: mais le sol profondément labouré par les obus faisant obstacle à sa marche de front, il avait repris la formation en colonne plus propice au cheminement.

Funeste nécessité! L'artillerie ennemie, sollicitée par ce bel objectif de polygone, déclanche aussitôt un tir de destruction aussi violent que précis qui, en quelques instants, lui détruit dix de ses onze chars.

Pour ce qui est du dernier groupe, le groupe 4 qui. lui, nous l'avons dit, avait été détaché du gros de la colonne pour opérer plus au sud dans le secteur de la 42e division, au voisinage de l'Aisne, il s'était trouvé pris à revers par les puissantes batteries de Sapigneul, pendant qu'il progressait victorieusement, au delà de la deuxième position, à la poursuite de ses défenseurs mis en déroute. Entre 5 heures et 6 heures du soir, ce groupe lui aussi flambait à son tour, à l'exception d'un seul char qui, tout à fait par miracle, s'en tira à peu près indemne.

En somme sur les quatre-vingt-deux chars du glorieux groupement Bossut, trente-neuf avaient péri corps et biens sur les positions mêmes de l'ennemi, et quatre s'étaient échoués dans nos propres lignes.

× ×

De l'autre côté de la Miette, entre Craonne et la Ville-aux-Bois, les cinquante chars Schneider du second groupement (groupes 3, 7 et 8) mis à la disposition de la 10e division d'infanterie pour l'attaque d'un mamelon situé au nord d'Amifontaine, partaient de leur position d'attente du bois de Beaumarais, le 16 avril à 6 h. 30 du matin, formés en colonne, en direction de la ferme du Temple et de la tranchée dite de la Plaine où devait s'effectuer le passage des lignes.

Ce groupement, beaucoup plus malheureux encore que le premier en ce sens qu'il se fit détruire avant même de pouvoir s'engager à fond, avait été découvert par les avions ennemis et signalé à leur artillerie dès la sortie des bois. C'est donc sous un feu parfaitement ajusté que la colonne traverse l'espace qui la sépare de la tranchée de départ de notre infanterie. Et là, elle est obligée de s'arrêter déjà, car le passage n'est pas encore suffisamment aménagé. Deux chars y sont cloués par les obus ennemis.

Le groupe 3 finit tout de même par avancer, et à 7 h. 15 sa tête atteint la première tranchée allemande. Celle-ci, large de 4 à 5 mètres, défendue par des nids de mitrailleuses très rapprochés qui augmentent d'autant plus la puissance du barrage, forme un obstacle infranchissable. Les lourds chars Schneider figés dans l'immobilité de leur masse, constituent, pour les observatoires ennemis des hauteurs de Craonne, un objectif des plus vulnérables. En quelques instants ils sont anéantis. Leurs équipages se postent tout autour, et, avec une énergie et un sang-froid admirables, s'emploient à neutraliser, du feu de leurs mitrailleuses, celles de l'adversaire et à favoriser de la sorte la progression de l'infanterie.

Le groupe 7, de son côté, essaye de s'échelonner vers la gauche; il brûle sous le feu du canon ennemi.

Enfin, le dernier groupe n'a même pas le pouvoir de se déployer, et il s'arrête à 500 mètres des premières lignes allemandes.

Toutes les heures mortelles de cette journée noire passent ainsi sans qu'un seul char ait pu atteindre son objectif de ce côté. Une dizaine seulement, à la nuit, se retrouvent réunis dans le bois de Beaumarais.

La conclusion de cette première bataille de tanks français a été donnée par un officier de l'état-major de l'artillerie d'assaut, puisant à la source même des renseignements, dans un ouvrage fortement documenté auquel nous ferons plusieurs emprunts pour étayer la présente étude (1).

(1) Capitaine Dutil : *Les Chars d'assaut.*

« De cette expérience, dit-il, il résulte que les chars d'assaut se déplaçant à découvert, à 3 ou 4 kilomètres des batteries qui ont leur liberté d'action et des moyens de régler leur tir, sont voués à une perte presque certaine. Ils ne doivent pas être employés en plein jour; leur entrée en action doit se produire dans la demi-obscurité qui précède l'aube; au point du jour, c'est sur la ligne des batteries adverses, ainsi surprise est désorganisées, qu'il faut les voir.

» Or, le 16 avril, les circonstances ont imposé des conditions de temps tout à fait contraires. Et malgré tout, des groupes de chars ont dépassé en plein jour l'infanterie arrêtée et ont combattu en avant d'elle, certains à 2.000 et 2.500 mètres en avant, restant maîtres du terrain, malgré les contre-attaques de l'ennemi; ils ne se sont repliés qu'aux approches de la nuit, sans que l'infanterie, épuisée et décimée, ait pu occuper le terrain qu'ils avaient conquis.

» Il n'y avait donc pas, à vrai dire, échec des chars d'assaut; il y avait échec général de l'attaque, ce qui avait soumis les chars d'assaut à la plus rude des épreuves. »

Quoi qu'il en soit, l'emploi de la nouvelle arme avait fait naître de belles espérances, et rien de grand ne sera entrepris désormais, contre le front ennemi, sans la participation quasi-prépondérante de l'artillerie d'assaut.

2° Attaque du moulin de Laffaux.

(5 mai 1917.)

Sur cette partie du front français dit « Chemin-des-Dames », au nord de l'Aisne, à cheval sur la route nationale de Soissons à Laon, l'artillerie d'assaut va faire ses premières réapparitions, d'abord le 5 mai et ensuite le 23 octobre de cette même année 1917.

L'opération du 5 mai, appelée par le communiqué :

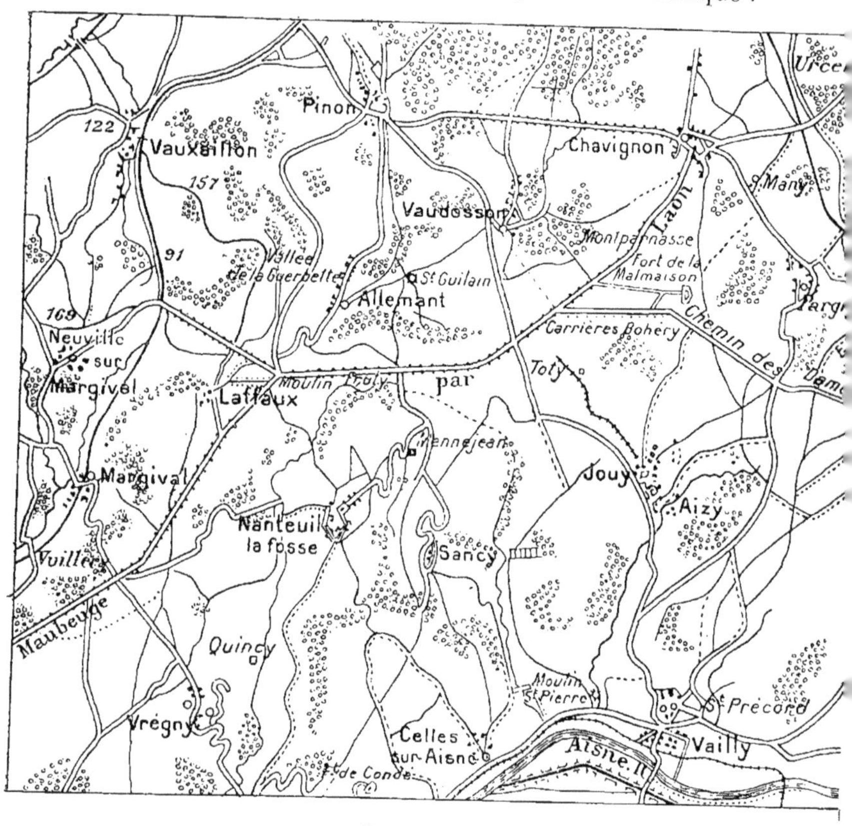

Croquis n° 2.

combat du moulin de Laffaux, n'est qu'une sorte d'entrée en matière. (*Voir croquis n° 2.*) Le troisième des groupements équipés pour l'offensive du 16 avril et qui, pendant que les deux premiers opéraient entre Craonne et Berry-au-Bac comme on vient de le voir, se tenait prêt, lui, à intervenir vers le massif de Moronvillers, en Champagne, ce groupement n'avait pas été engagé pour des raisons indépendantes de sa volonté. Il restait donc disponible et à peu près intact.

Aussi reçoit-il l'ordre, quelques jours plus tard, de s'embarquer à destination de la VIe armée, celle du général Mangin.

Débarqué à la gare Saint-Waast de Soissons, à 3 kilomètres à peine du village de Crouy, sa position de rassemblement, il se trouve en place le 1er mai.

Le groupe 1 à trois batteries, doit appuyer, entre la vallée de la Guerbette et les carrières de Fruty, l'action d'une division provisoire formée de trois régiments de cuirassiers à pied, lesquels, inutilisables comme cavaliers dans cette interminable guerre de position, étaient devenus, pour leur gloire, de véritables fantassins.

Le groupe 31 est mis à la disposition de la 158e division d'infanterie et opérera avec elle à l'est des carrières de Fruty. Les deux autres groupes (10e et 33e) sont maintenus en réserve.

Le plan d'engagement de la division de cuirassiers à pied dispose que ses Schneider progresseront immédiatement derrière elle, mais qu'ils la dépasseront pour combattre si elle-même est forcée de s'arrêter. Dans ce cas, et une fois dépassée, elle devra suivre à son tour dans leur sillage jusqu'à une ligne assignée comme troisième objectif intermédiaire, d'où elle les renverra en arrière en des points défilés, pour y attendre de nouveaux ordres.

Ici ce qui est prevu est tait.

A 4 h. 15 du matin, déclanchement de l'attaque. Les vagues d'assaut traversent vivement la zone des tirs de barrage de l'artillerie ennemie; les chars suivent de près.

Bientôt, arrêt de l'infanterie devant les mitrailleuses camouflées et des réseaux non détruits. Les chars se mettent en devoir de vaincre ces résistances.

« Deux d'entre eux détruisent plusieurs mitrailleuses, dit l'auteur déjà cité; un autre attaque au canon un petit fortin et le réduit en quelques coups; un autre immobilise, par son tir, des Allemands dans un boyau et les contraint de se rendre. Le moulin de Laffaux est pris. Une contre-attaque, débouchant du ravin d'Allemant, est rapidement arrêtée à 200 mètres, et, peu après, quelques chars bordent ce ravin à plus de 3 kilomètres de leur point de départ.

» Entre 9 h. 30 et 10 heures, les troupes d'assaut n'étant plus en mesure de suivre les chars, ceux-ci rentrent à leur position d'attente avec leurs sections d'accompagnement. »

× ×

Les Saint-Chamond de la 158e division ne sont point aussi heureux, bien s'en faut. Obligés, en raison de la grande distance à franchir, de se mettre en route dès le 3 mai, deux jours avant le jour J, leur « approche » n'est qu'une série de pannes; à tel point que le 4 mai à midi, les deux batteries n'ont encore pu amener que deux chars à hauteur de Quincy, et un seul à hauteur du fort de Condé.

Cependant, le lendemain 5 mai à l'heure H, douze chars ont fini par arriver à leur position d'attente renforcés d'une batterie du groupe Schneider de la réserve.

L'engagement a lieu dans les parages de la ferme Mennejean dont l'ennemi a fait l'un de ses plus solides points d'appui.

Vers la droite, un réseau resté intact arrête notre

infanterie; les chars d'une des deux batteries surviennent, brisent l'obstacle et couvrent de feux la tranchée ennemie qui tombe en notre pouvoir. L'autre batterie, réduite à deux chars (les deux autres n'ayant pu démarrer au départ), demeure impuissante à gauche, devant les retranchements ennemis.

A 9 heures, l'infanterie renouvelant son attaque, c'est la batterie Schneider, jusqu'ici réservée, qui a charge de l'appuyer. Les chars atteignent la tranchée ennemie, mais ne réussissent pas à la neutraliser; ils sont forcés de lâcher prise.

Au rassemblement de Crouy, le 8 mai, le groupement tout entier réuni arrêtait son état de pertes aux chiffres suivants :

Matériel : 3 chars Schneider et 3 chars Saint-Chamond demeurés sur le terrain, détruits.

Personnel : 13 tués dont 2 officiers, 63 blessés dont 14 officiers, 11 disparus, soit le cinquième de l'effectif engagé.

Dans cette affaire, les qualités des chars d'assaut s'étaient affirmées, également leurs défauts contraires...

On allait pendant six mois, au camp de Champlieu, s'efforcer de les mettre au point.

3° Combat de la Malmaison.

(23 octobre 1917.)

J'ai dit que l'attaque du 5 mai n'avait été qu'une sorte de hors-d'œuvre pour l'artillerie d'assaut. Elle allait en effet être appelée, sur le même terrain, à une entreprise plus étoffée en vue d'ajouter d'autres positions conquises à celles du moulin de Laffaux.

Il est question cette fois d'emporter le plateau de la

Malmaison, l'un des points culminants du long Chemin-des-Dames, d'où l'ennemi a des vues excellentes sur nous dans la direction de Soissons, et d'où, par contre, nous en posséderions nous-mêmes de très avantageuses sur lui, vers notre chère ville captive de Laon.

Un groupement de chars d'assaut, composé de deux groupes de Saint-Chamond qui avaient combattu au 5 mai (groupes 31 et 32), et de trois nouveaux groupes de Schneider (groupes 8, 11 et 12), est dirigé par voie ferrée du camp de Champlieu sur Soissons, dans les journées des 16 et 17 octobre 1917.

C'est un volumineux convoi, car les trois groupes Schneider comptent chacun douze chars répartis en quatre batteries de trois chars chacune, et les deux groupes Saint-Chamond en comprennent vingt-huit répartis en huit batteries de trois ou quatre chars.

Une fois débarqués, les Schneider gagnent de nuit leur position de rassemblement aux environs de Celles, Vailly, moulin Saint-Pierre; et les Saint-Chamond dans la région de Braye et de Vuillery. (*Voir croquis n° 2.*)

On les distribue entre les trois corps d'armée chargés de l'opération, savoir :

Groupe 12, au corps d'armée de droite, le 11ᵉ C. A., qui doit enlever l'ancien fort de la Malmaison, et, comme deuxième objectif, la ligne Chavignon-ferme Many.

Groupes 8 et 11, au corps d'armée du centre, le 21ᵉ C. A., qui a pour objectifs la forêt de Bellecroix et les hauteurs Montparnasse.

Groupes de Saint-Chamond, au corps d'armée de gauche, le 14ᵉ C. A., sur le moulin de Laffaux-les Gobineaux.

Le groupe 31 doit coopérer, avec la 27e division, à la prise de la cote 170 en encerclant les carrières de Fruty.

Le groupe 33 doit aider à la progression de la 28e division vers Allemant.

Le jour J, c'est le 23 octobre. L'heure H est le matin à 5 h. 15.

A droite, le groupe 12 suit les vagues d'assaut du 4e zouaves et du régiment colonial marocain, sur un terrain complètement défoncé. De bond en bond, ces troupes s'emparent successivement des carrières de Bohéry, de la crête du Chemin-des-Dames, en face du fort de la Malmaison, et enfin du fort lui-même.

Elles ont atteint leur premier objectif.

Au centre, le groupe 8 a des malheurs. Un tir d'interdiction extrêmement violent commence par lui immobiliser deux batteries dans le voisinage de la ferme Toty, au cours de sa marche d'approche, et il lui est impossible de joindre les vagues d'assaut pour la première phase de l'engagement, sauf pourtant sur un point où l'un des chars d'une autre batterie, plus heureux peut-être parce que plus audacieux, parvient à 7 h. 30 à rattrapper la compagnie de tête du 149e régiment d'infanterie sur son premier objectif, et là, débarrasse cette compagnie d'une mitrailleuse importune et lui évite enfin le choc d'une contre-attaque ennemie en la dispersant avant même qu'elle ne se soit accusée.

A l'aile gauche, les Saint-Chamond, malgré les nombreux accidents ordinaires à ces appareils, font du travail utile. La 1re batterie du groupe 31, après avoir laissé deux chars en panne à la première tranchée, voit son troisième char arriver à la carrière des Gobineaux d'où il force une mitrailleuse tapageuse à se taire d'un seul coup. Puis son quatrième char, véritable vaisseau fantôme errant dans une mer de brouillard, sème sur son passage la terreur et la mort. A sa vue, les servants de la première mitrailleuse qu'il rencontre s'enfuient affolés. Sur le plateau de Saint-Guilain, il démonte un canon et trois mitrailleuses; pendant une heure enfin, il couvre l'installation de l'infanterie.

Les autres batteries du groupe ont pu, elles aussi, progresser mais non dépasser de beaucoup la route nationale Soissons-Laon. Le groupe 33, lui, est d'un rendement franchement inférieur. La pluie de la nuit et les obus ont rendu son terrain d'attaque à peu près inabordable, et c'est tout à fait par hasard qu'un de ses chars, en tombant en panne, se trouve arrêté juste au-dessus d'un abri où une quinzaine de soldats allemands surpris ne peuvent, dans leur ahurissement, articuler que leur mot de passe : « Kamarades ! »

Mais l'heure initiale de la deuxième phase de l'engagement, l'heure H', a sonné; il est 9 h. 15

A ce moment, on déplore que, d'une part, à droite, les Schneider du groupe 12 établis au fort de la Malmaison, se soient enlisés dans ses éboulements et ne puissent accompagner l'infanterie à l'attaque du deuxième objectif Chavignon-ferme Many, et que, d'autre part, au centre, les deux batteries du groupe 8, coincées par le tir de l'artillerie ennemie vers la ferme Toty, n'aient qu'un char capable de suivre les vagues d'assaut. Il est, par contre, consolant pour les fantassins tout proches de voir, sous leurs yeux, ce dernier char seul et livré à lui-même, marchant à l'attaque du deuxième objectif avec l'infanterie et souvent en avant d'elle. « Il aide à enlever la tranchée dite des Oubliettes, la lisière du bois des Hoinets, prend à revers des abris ennemis en contournant le ravin de Bousseux, et finalement protège l'organisation des bataillons de chasseurs voisins sur leurs positions conquises. »

Dans son même groupe ce vaillant et intrépide cuirassé a un émule; c'est le char hardi que nous avons vu à 7 h. 30 rejoindre les premiers éléments du 149e R. I.

A H', il est reparti avec son infanterie. « Il précède d'une centaine de pas les vagues d'assaut, canonne la lisière de Bellecroix, attaque une petite carrière où il fait une dizaine de prisonniers, capture une mitrailleuse et, vers 11 heures, atteint le rebord nord du plateau Chavignon. »

Ce n'est d'ailleurs pas tout ce que le groupe 8 a fait de particulièrement remarquable. La batterie qu'il avait gardée en réserve s'impatiente de n'être pas engagée.

Débridée à l'heure H', elle rejoint l'infanterie et passe en tête de colonne. Vers 11 heures, elle pénètre, elle aussi, dans le bois des Hoinets, s'y installe et complète ainsi l'action d'une batterie qui tient sous son feu le ravin de Bousseux.

Restait le groupe 11 maintenu en réserve générale en arrière du centre. Le voici s'engageant dans la deuxième phase : « Un peu avant l'heure H', deux de ses chars dépassent l'infanterie; ils mettent en fuite les servants de deux batteries de 77 placées à la lisière sud du bois de Bellecroix, et livrent l'entrée de ce bois à l'infanterie en détruisant ou neutralisant une série de mitrailleuses blotties dans ces parages. Une autre de ces batteries, précédant aussi au même moment les vagues d'assaut, nettoie les tranchées au sud du ravin de Vaudesson, et appuie de son feu la progression de l'infanterie qui s'empare de ce village.

Les deux dernières batteries, qui ont été attribuées au groupe des 20e et 21e bataillons de chasseurs, prennent les devants et réduisent des nids de mitrailleuses qui entravent leur progression. »

L'artillerie d'assaut a rempli sa mission.

A partir de midi, l'ordre de se replier leur étant parvenu, les chars qui sont encore en état de rouler retournent vers leur position de rassemblement. Et là, ces braves se comptent, tout étonnés eux-mêmes d'être de retour : poignants instants où chacun s'oublie pour ne penser qu'aux bons camarades qui ne répondront plus à l'appel !

Les pertes du groupement de chars, y compris les fractions d'infanterie d'accompagnement, s'élevaient à :

Matériel : 6 chars détruits par l'artillerie ennemie.

Personnel : 38 tués dont 3 officiers, 119 blessés dont 15 officiers, 7 disparus.

Quant aux résultats, les voici, toujours d'après le même auteur :

« Dans l'ensemble, l'emploi des chars, le 23 octobre 1917 avait été couronné de succès et avait rendu confiance aux troupes dans la valeur de ces nouveaux engins de combat. Les prisonniers ennemis confessaient que toutes les mesures prises de leur côté avaient échoué, et que les chars auxquels on ne croyait pas et qu'on pensait aisément détruire, avaient été pour beaucoup dans leur désarroi...

» Ainsi le succès du 23 octobre aboutissait aux mêmes conclusions que l'échec du 16 avril.

» Il fallait aux chars plus de souplesse et plus d'endurance. C'est à cela que l'artillerie d'assaut française voulait tendre, en préparant de toutes ses forces le « char léger ».

4° L'offensive allemande de 1918.

Le char léger! C'est l'arme dont étaient dotés, dans les derniers mois de la guerre, et dont sont encore dotés aujourd'hui presque exclusivement nos neuf régiments d'artillerie d'assaut. Nous l'appelons communément du nom de son constructeur, le « char Renault ».

Il n'est d'ailleurs léger que comparativement à ses deux devanciers, le Schneider qui pèse 13 tonnes, et le Saint-Chamond, 24.

Lui, en effet, n'atteint tout armé que le poids de 6 tonnes et demie. Son armement se compose soit d'une mitrailleuse Hotchkiss, soit d'un canon de 37mm, soit d'un canon de 75 court. Il ne reçoit que deux hommes à bord : le conducteur et le tireur. Notre règlement d'arme le qualifie : véritable engin d'accompagnement de l'infanterie, combattant en liaison intime avec elle pour nettoyer le terrain, réduire les noyaux de résistance de moindre importance et arrêter les contre-attaques ennemies.

Il semble du reste, que l'on ait voulu rendre ces affinités plus sensibles à tous, en appelant les formations dotées de ce nouveau char, non plus « batteries » et « groupes » qui rappellent l'artillerie, mais bien « compagnies » et « bataillons » qui sont les noms des unités d'infanterie.

Mais revenons aux faits.

L'hiver 1917-1918 n'a été marqué d'aucun événement de guerre relativement important; mais au printemps qui l'a suivi, se produit la formidable et déconcertante offensive allemande qui nous fait revivre les jours d'angoisse de l'été 1914... Et déjà l'on évoque la « miraculeuse » victoire de la Marne pour raffermir notre confiance à tous dans les destinées immortelles de la patrie.

Paris! Paris leur ville convoitée, les Allemands cette fois ont juré de nous la prendre, et leur armée, telle une pieuvre géante, étend ses tentacules vers la grande capitale pour s'en saisir.

Les Belöw, les Marwitz, les Hutier, ces prétendus fléaux du vieux bon dieu germanique, avec près d'un million de nouveaux soldats, ont submergé la digue franco-anglaise.

Du 21 au 23 mars 1918 ils ont atteint Tergnier.

Le 24, c'est au tour de Bapaume et de Chauny de retomber en leur pouvoir.

Le 25, nos troupes abandonnent Noyon en flammes.

Le 27, les masses ennemies sont à Montd'dier. à 60 kilomètres de leur base de départ.

Le 30, ils pointent sur Compiègne... Mais heureusement le massif de Lassigny résiste et les tient en échec.

Pareillement de l'autre côté de l'Oise, nos troupes. après s'être repliées au sud du canal de l'Ailette et de la haute forêt de Coucy, ont pu se rétablir sur leurs lignes de défense anciennes.

La ruée boche est contenue!

Pendant avril et mai, Ludendorff s'obstine à vouloir enlever Calais à nos alliés.

N'y ayant pas réussi, il se retourne vers nous.

« Le 27 mai, l'attaque, masquée jusqu'au dernier moment, s'abat comme un flot en fureur sur le front du Chemin-des-Dames endormi et confiant dans la force de ses positions, tandis qu'une pointe rapide s'enfonçait dans le flanc vers Juvincourt. Ce jour-là. à midi, tout est tombé, et l'infanterie allemande borde l'Aisne de Berry-au-Bac à Vailly. Au soir, elle a franchi la rivière, atteint le cours de la Vesle et poussé encore plus au sud.

» Le 28, Soissons est enlevé, et notre ligne, reculée sur la route Soissons-Oulchy-le-Château, ne peut tenir sous la poussée; nous en sommes rejetés à Hartennes et à Grand-Rozoy. Et il apparaît que désormais l'attaque ennemie fait face à l'ouest.

» Le 31, elle borde en effet la Marne, de Château-Thierry à Verneuil, et des colonnes considérables tournent vers la forêt de Villers-Cotterets ou de Retz, vers l'Ourcq.

» Cette fois l'objectif est donc bien Paris.

5° La résistance dans la forêt de Retz.

(Mai et juin 1918.)

Le général Foch, généralissime des armées alliées depuis la chute de Montdidier, fin mars 1918, a décidé que les Allemands ne prendront pas la forêt de Retz; elle est en effet en quelque sorte la clef de la position de défense avancée de Paris. (*Voir croquis n° 3.*)

En conséquence, il leur oppose l'armée repoussée du Chemin-des-Dames et de Soissons, l'armée du général Mangin.

Des renforts lui sont envoyés, car elle en a grandement besoin. Ces renforts, étoffés le mieux possible suivant les perfectionnements les plus récents, comprennent notamment les trois premiers bataillons de chars légers mis sur pied, les 1er, 2e et 3e bataillons du 1er régiment d'artillerie d'assaut, le 501e R. A. S.

Pendant trois jours (30-31 mai et 1er juin), leur enlèvement du camp de Champlieu par camions automobiles et remorques à tracteurs s'opère, par échelons successifs, à destination de certains points déterminés de la forêt de Retz.

Cutry
Missy-aux-Bois
128
Berzy-le-Sec
Cœuvres
162
Dommiers
St Pierre Aigle
157
Valsery
Chaudun
Soucy
Chafose
Montgobert
101
158
157
Vertefeuille Fme
Puiseux
Beaurepaire Fme
151
Vauxcastille Fme
Vierzy
Chavigny Fme
142
Longpont
La Guille
Violaine
Forêt de Retz
Villers-Hélon
197
195
Fleury
147
Louâtre
Corcy
186
Dampleux
St Paul
Buisson de Hautwison
84
Vouty
137
La Loge Fme
185
Faverolles
113
Villers le Petit
Billy
Oigny
Ancienville
137
101
180
Buisson de Crênes
Ghouy
Savières r.
Noroy
l'Ourcq
Rozet
l'Ourcq r.
Silly
Troesnes

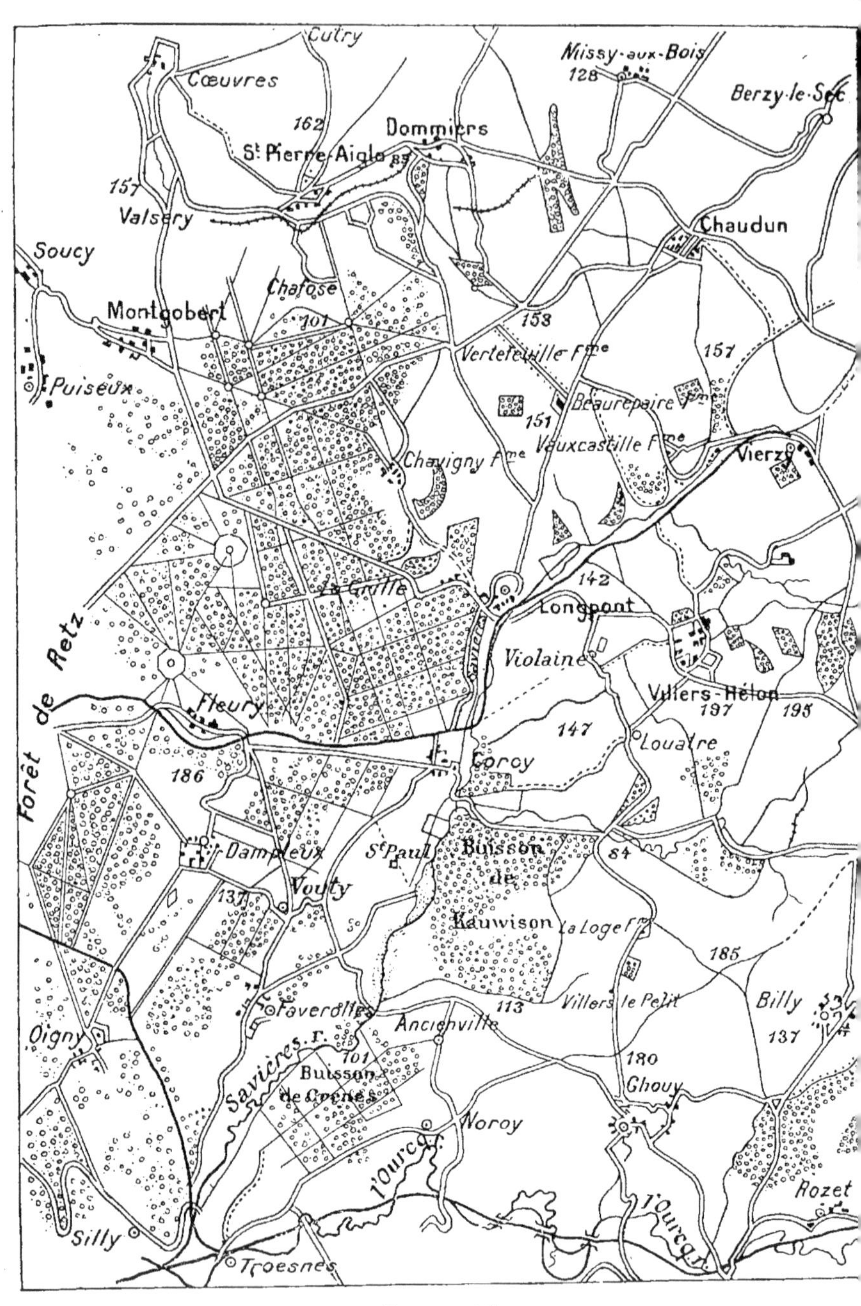

Croquis N° 3.

C'est avec une précipitation à laquelle leur organisme se prêtait mal que les circonstances obligent à les jeter dans la bataille. L'ennemi est en effet à Berzy-le-Sec et, plus au sud, à hauteur de Neuilly-Saint-Front.

L'ordre est de le contre-attaquer au nord, le 31 mai, avec six divisions d'infanterie et trois bataillons de chars légers (B. C. L.). Or, le 30 au soir, il n'y a encore qu'une seule compagnie de chars arrivée à son point de débarquement, au village de Saint-Pierre-Aigle, la compagnie 305 (2e compagnie du 2e bataillon). Il lui faut, pendant la nuit même, pousser jusqu'au Calvaire situé à l'est de Dommiers.

Le lendemain, à 11 heures seulement, l'y rejoignent en toute hâte, deux sections de la compagnie 304 et une section de la compagnie 306, à peine descendues de camions.

Ces six sections ont l'ordre d'appuyer la division marocaine qui a pour mission de reprendre Ploisy et Chazelle à l'est de Chaudun. L'auteur, au témoignage duquel nous avons déjà fait appel, expose que, vu les circonstances, aucune des conditions prévues pour leur entrée en scène ne pouvait être réalisée... Au lieu d'une approche masquée par la nuit, d'un débouché en masse au petit jour, une trentaine de chars allaient, avant d'atteindre nos lignes d'infanterie, franchir en plein jour, sous la vue immédiate des batteries allemandes, un plateau découvert, véritable glacis de 1.500 mètres de profondeur. Aucun barrage fumigène leur servant de masque ne pouvait être escompté, ni aucun appui efficace de notre artillerie dispersée et sans organisation de tir par suite de ses mouvements de repli continuels...

C'était la charge que l'on demandait à ces chars, l'ancienne charge de cavalerie exécutée dans des cas désespérés, celle qui lance des escadrons dans les houblonnières de Morsbronn et la fournaise de Floing, celle qui témoigne de l'esprit complet de sacrifice, et arrache à un empereur victorieux ce cri d'admiration : « Ah ! les braves gens ! »

Le 31 mai 1918, l'heure H est midi.

Les trois sections de la compagnie 305 doivent reconquérir Chazelle avec le 7e tirailleurs; les trois sections des compagnies jumelées 304 et 306 ont à enlever Ploisy à l'ennemi avec le 4e tirailleurs.

Ce premier combat des chars légers vaut que nous le regardions de près. Or, que lisons-nous en tête d'un récit semi-officiel ? Entendez :

« A 11 h. 45, les deux compagnies rompent en bataille, capitaines en tête... »

Les capitaines en tête, les commandants, les colonels en tête ! Oui, voilà bien le secret de tant d'événements extraordinaires sur lesquels plane encore l'incompréhensible, et que révélera, dans un avenir plus ou moins proche, l'impartiale Histoire.

Tous les commandants d'unités en tête de leur troupe ? Oui, quand il le faut, lorsque l'enjeu justifie d'avance tous les sacrifices aussi lourds soient-ils !

Et c'était bien ici le cas.

« A 11 h. 45, les deux compagnies rompent en bataille, capitaines en tête, du calvaire de Dommiers et traversent le plateau sans incident; elles atteignent et franchissent les lignes de tirailleurs qui, partis à midi, avaient été presque aussitôt arrêtés par le feu des mitrailleuses ennemies. Dès qu'ils ont passé la grande route de Soissons, les chars, survolés déjà par un avion ennemi, sont pris à partie par les batteries allemandes. Ils s'avancent cependant (rappelons-nous que les capitaines marchent en tête), ils entrent en action, mettent en fuite ou détruisent ce qu'ils rencontrent sur le plateau; ils nettoient le chemin creux entre la ferme Cravançon et Ploisy, atteignent bientôt le ravin de Chazelle... »

(N'oublions pas que ces chars ont été jetés dans la bataille sans qu'aucune des conditions prévues pour leur entrée en scène ait pu être réalisée. Mais les capitaines sont en tête !)

Poursuivons le récit :

« Derrière les chars, l'infanterie progresse mal (des indigènes marocains), les chars reviennent la chercher (comme on revient sur ses pas pour prendre par la main un enfant qui ne peut suivre) et repartent vers l'ennemi. Plusieurs fois ils refont cette route — oh ! les braves gens ! — mal compris par des troupes qui ne parlent pas le français, ce sont quelques éléments seulement qu'ils amènent aux têtes de ravin. Deux canons ennemis sont là en position, l'un d'eux est démoli par le canon d'un char; mais l'autre canon, à son tour, atteint un char et l'incendie. Les chars cependant achèvent leur mission; puis ils se retirent. Mais alors le petit nombre de tirailleurs marocains qu'ils ont amenés les suit (il faut admettre qu'ils n'avaient plus aucun gradé français pour les encadrer) et aussitôt, derrière eux, les Allemands sortent du ravin et regagnent le terrain qu'ils viennent de perdre. Notre repli continue et nous revenons à nos positions de départ. »

Le lendemain 1er juin, c'est un peu plus au sud que le combat des chars est transporté.

Le 3e bataillon du 501e R. A S., formé des compagnies 307, 308 et 309, participe à la contre-attaque du 11e corps d'armée, contre l'armée von Boehm qui a franchi la ligne d'eau de la Savière et s'est emparée des villages de Faverolles, Corcy et Longpont.

Ce bataillon est venu en camions automobiles jusqu'au rond-point de la Reine, en pleine forêt, et de là, sur route, à sa position d'attente aux environs de Dampleux.

L'œuvre accomplie par ce bataillon, ajoutée à celle des deux autres du même régiment d'A. S., va permettre de comprendre de quel poids pèsent souvent quelques atomes épars dans l'espace sur les destinées des hommes.

Qui est-ce qui, en effet, a arrêté l'infiltration allemande à travers la forêt domaniale de Villers-Cotterets et dont la possession lui eût ouvert les portes de Paris ?

Aussi paradoxal que cela puisse paraître à première vue, il semble bien que, à ce point d'interrogation l'on puisse répondre en vérité que cette infiltration dans la zone boisée de l'Ile-de-France a été arrêtée, en grande partie, grâce à l'action matérielle et à l'influence morale exercées autour d'elles par quelques unités de chars légers à peine sortis de leur état embryonnaire.

D'ailleurs, les Allemands en feront eux-mêmes l'aveu quelques jours plus tard, ainsi qu'en témoigne un très important article de la *Neue Freie Presse* paru en août 1918, et dont voici un extrait dépourvu d'ambiguïté :

« Les succès des Alliés ne sont pas dus à une supériorité de stratégie, ni à la supériorité du nombre, bien que ces raisons y aient contribué. La raison réelle est dans l'emploi en masse des chars. »

Et plus loin :

« Les victoires franco-britanniques ont été obtenues par une très vieille méthode stratégique, la surprise complète, et une nouvelle méthode tactique, l'emploi amélioré d'un nouveau type amélioré de char d'assaut. »

Mais considérons plutôt les faits; on ne peut leur reprocher rien de tendancieux, comme on est en droit de le faire sans doute pour le texte reproduit ci-dessus.

Voici les chars légers du 3e bataillon du 501e R. A. S. aux prises avec les avant-gardes de l'armée Boehm, vers les lisières orientales de la forêt et leur disputant les débouchés des ponts de la Savière.

Un détachement ennemi, après avoir franchi la rivière à Corcy, a escaladé les pentes du plateau où s'étalent les champs de seigle de la ferme Saint-Paul. Dans les hautes herbes des sillons, d'invisibles mitrailleuses se sont nichées.

Le 2 juin à 4 heures du matin, une section de la compagnie 308 se porte à l'attaque de cette position avec quelques éléments d'infanterie qui ont à prendre la ferme Saint-Paul.

Partis avant l'aube, nos petits fortins mouvants à coupole blindée surgissent hors du bois et s'avancent en terrain libre. Mais les nids de mitrailleuses allemandes s'éveillent dans les blés verts, et leurs groupes de fantassins protecteurs abordent nos chars à les toucher presque. Notre infanterie, qui a marché sous le couvert des chars, intervient et se déploie; elle finit par s'établir solidement à 200 mètres au delà de son objectif.

Cependant la nuit venue, d'autres détachements ennemis s'insinuent vers la forêt, et, le lendemain matin 3 juin, tiennent la lisière de Vouty jusqu'aux ravins creusés au sud de Faverolles.

Le 167e d'infanterie est chargé de les en chasser avec l'appui des chars de la compagnie 309 du 501e R. A. S.

A 5 h. 30, les trois sections de cette compagnie débouchent de la forêt en devançant leur infanterie. Les Allemands n'attendent pas le choc; ils se replient rapidement et cèdent le terrain jusque de l'autre côté de la route Corcy-Faverolles qui devient la ligne avancée du 167e R. I.

C'est que les Fritz et les Michel avaient oublié les instructions souveraines de leur Ludendorff qui, après les combats du 16 avril 1917, avait édicté ceci : « En raison de leur allure lente et lourde, les chars sont des objectifs excellents; ils sont très vulnérables malgré leur blindage. Il n'y a donc pas lieu de les craindre. »

Peu de temps après, notre ligne avancée, le long de la route Corcy-Faverolles, est prolongée, à droite, dans la direction de Troësnes, par de nouveaux éléments d'infanterie devant qui une section de chars de la compagnie 307 a dispersé l'ennemi posté dans le ravin de Faverolles, en le mitraillant de la crête nord de ce même ravin.

Ainsi se trouve dégagée et hors d'atteinte cette partie de la lisière est de la forêt de Retz par la supériorité qu'a su prendre sur l'ennemi le 3e bataillon de chars légers.

Plus au nord, ce sont les chars du 1er bataillon qui jouent un rôle analogue avec un succès égal, malgré les difficultés plus grandes. Effectivement, de ce côté l'ennemi a déployé plus de force et de violence.

Le 3 juin, le même jour où, sur sa gauche, de Corcy à Faverolles et Troësnes, l'attaque allemande est arrêtée par les vigoureux coups de tanks du 3e bataillon, son aile droite n'en continue pas moins à progresser par bonds de plus en plus étendus.

Pernant et Missy-aux-Bois sont dépassés à l'ouest de la route nationale Soissons-Paris, et, au point où cette route pénètre dans la forêt de Villers-Cotterets, à la corne nord-est du bois, la ferme Vertefeuille tombe en son pouvoir à 5 heures du soir.

Notre 1er bataillon de chars légers est précisément là, tout près, blotti sous bois, en surveillance. En un instant, cinq ou six chars de la compagnie 301 ont atteint ce point sensible. De là partant avec un bataillon du 8e d'infanterie qui contre-attaque, ils le dépassent bientôt et abordent la ferme par un mouvement en tenailles auquel l'ennemi n'échappe qu'en s'enfuyant. A la tombée de la nuit, Vertefeuille est rendue aux Français.

Le lendemain, sans trêve ni répit, la poussée allemande s'exerce à l'ouest de Longpont. A 10 heures du matin elle s'est étendue jusqu'à la ferme de la Grille et à quelques centaines de mètres dans l'intérieur de la forêt.

2 heures après-midi, les nôtres contre-attaquent. La compagnie 302 met quelques-uns de ses chars à la disposition de l'infanterie. Mais ici la collaboration des deux armes est impossible; l'épaisse végétation dont le sol est chargé aveugle et entrave nos chars d'assaut; l'infanterie non plus ne peut rester en liaison avec eux, si bien qu'elle devient incapable de conserver cette ferme de la Grille que les chars avaient fini par lui livrer.

A la nuit, nos héroïques équipages ramènent sur un char leur officier chef de section, tué dans la mêlée, dépouille chère dont le souvenir fixera à jamais dans leur esprit les cruelles alternatives de cette fin de journée.

Le 5 juin enfin, le 1er bataillon termine sa mission sur un beau succès.

Entre les fermes de Vertefeuille et de la Grille où était parvenu l'ennemi, une position intermédiaire le tentait qui eût consolidé ses premières conquêtes. Cette position, marquée par la ferme de Chavigny, il l'attaque et il l'enlève.

Nous voulons la lui reprendre. Un détachement du 136e d'infanterie l'essaie et il échoue.

— Où sont les chars d'assaut? semble clamer cette troupe en détresse.

Cet appel trouve un écho auprès du commandant de la compagnie 302 qui lui envoie une section éprouvée. Celle-ci entre aussitôt en action et bouscule l'ennemi qui lui abandonne sa position avec 10 mitrailleuses et 50 prisonniers. Beaucoup de ratissage, n'est-il pas vrai?

Ainsi notre infanterie reçoit des mains des artilleurs d'assaut une position qu'elle-même n'aurait pu conquérir toute seule sans de gros sacrifices.

Et c'est bien sur de telles constatations qu'est fondé ce jugement très juste sur l'œuvre accomplie par l'A. S. :

« Contre les blindages de ses appareils, contre l'énergie de ses équipages, s'était brisée la pointe redoutable de l'offensive allemande de 1918. »

6° Contre-attaque dans la région du Matz.

(11 juin 1918.)

Il se pourrait que la façon dont j'ai parlé, tout à l'heure, de l'adoption des chars légers, des précieux Renault, et de leur entrée en scène, ait fait conclure à l'abandon définitif des Schneider et des Saint-Chamond. Aussi, ai-je hâte de dire qu'il n'en est rien. Sur une autre partie du front nous allons les revoir encore prenant part à une grande action offensive, et voici comment :

Ludendorff avait pensé que, pour opposer à ses colonnes d'attaque, entre Ourcq et Marne, les forces nécessaires, le commandement français dégarnirait les parties de son front les moins menacées. Il lui avait semblé, sans doute, que le silence fait dans la région Montdidier-Noyon, depuis quelque temps, eût pu nous faire juger inutile le maintien de ce côté des effectifs importants qui s'y étaient rangés pour arrêter l'offensive d'avril.

Et cela expliquerait cette reprise subite de la grande poussée allemande vers l'Oise, en direction de Compiègne, à partir du 9 juin 1918.

Von Hutier, ce jour-là, déchaîne sur nous ses quatorze divisions précédées d'un monstrueux bombardement par obus toxiques. Nos positions de Plémont et du massif de Lassigny tombent aussitôt « en entraînant dans leur chute le saillant de la forêt d'Ourscamp sur l'autre rive de l'Oise.

» Enfin des divisions nouvelles s'installent à gauche, malgré une résistance acharnée, sur le plateau de Méry-Belloy-Saint-Maur; quelques éléments poussent même jusqu'à la coupure de l'Aronde. »

Mais le général Mangin a été dépêché vers ce secteur pour y prendre la direction d'une contre-attaque d'ensemble sur le flanc ennemi. (*Croquis n° 4.*)

Il a à sa disposition quatre divisions fraîches, les 48e, 129e, 152e et 165e, et les quatre groupements d'artillerie d'assaut (un pour chaque division) qui, depuis deux mois sont affectés à ce secteur, les groupements Schneider 3 et 4, les groupements Saint-Chamond 11 et 12.

Lorsque, dans l'après-midi du 10 juin, est lancé l'ordre de contre-attaque, ces groupements se trouvent dispersés et à une douzaine de kilomètres de leurs positions de rassemblement : le 3e à Léglantiers et Noroy, le 4e dans la région Cauly-Jonquières-

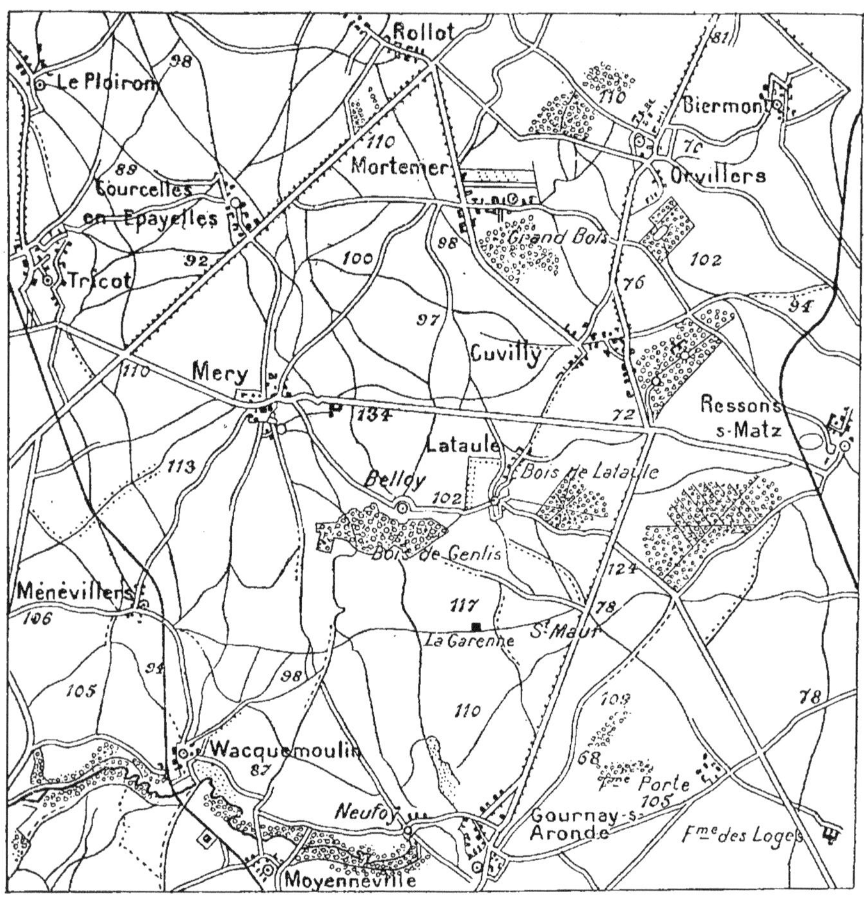

Croquis n° 4.

Mouchy, le 11e vers Eraine, et le 12e à Cernoy. Mis aussitôt en mouvement, ils se hâtent vers leurs positions de combat et les atteignent dans le courant de la nuit, avant que les premières lueurs du jour ne permettent à l'aviation ennemie de déceler leur présence.

Le groupement 10, remplaçant à la dernière heure le groupement 4 qui est trop loin pour arriver à temps, s'est établi dans les dépressions qui ravinent le terrain, à l'est de Coivrel. Il doit appuyer la 129e division sur l'itinéraire Courcelles-Epayelles Mortemer et Grand-Bois.

Le groupement 3, abrité sous le bois de Montigny, doit marcher avec la 152e division sur Méry et Cuvilly.

Le groupement 12, affecté à la 165e division, s'est rassemblé aux lisières du bois de Saint-Martin-au-Bois, faute d'un couvert plus rapproché de la position de départ. Son axe de marche est Belloy, La Taule, et le bois de La Taule.

Enfin le groupement 11 est venu s'établir au nord-est de Montiers, entre la croupe 105 et la voie ferrée, pour coopérer avec la 48e division dont l'objectif était Saint-Maur et les plateaux environnants.

La consigne générale pour les chars était de ne pas dévoiler leur présence avant l'heure de l'attaque. « Partant de la base Courcelles-Méry-Wacquemoulin en même temps que l'infanterie, mais assez loin derrière elle, ils avaient à la rattraper le plus tôt possible pour entrer dans le combat là où ils dépasseraient ses lignes. »

Le 11 juin par un temps radieux, entre 10 et 11 heures, l'attaque se déclanche derrière un barrage d'artillerie bien réglé. Il s'agit de rejeter l'ennemi dans la vallée du Matz.

Les chars d'assaut, contraints de traverser la voie ferrée Estrées-Saint-Denis-Montdidier, en des passages obligés, doivent tout d'abord rouler en colonne;

ils le font à allure vive, et, aussitôt le chemin de fer franchi, ils se déploient pour rejoindre leur infanterie. Bientôt, l'ayant dépassée, ils foncent sur les mitrailleuses invisibles, dissimulées dans les hautes cultures, parmi leurs servants camouflés au moyen d'épis de blé fixés sur leur casque par un grillage métallique. Vaine supercherie! Toute mitrailleuse qui se révèle par son tir est détruite et les épis de blé qui la servent se dispersent comme si une faucille d'acier, en les coupant sur leur tige, les avait jetés au vent.

Au nord, entre Courcelles et Mortemer, le groupement 10, bien suivi par l'infanterie, enlève la cote 100 et continue d'avancer malgré que celui de ses groupes qui le flanque à gauche, vers la chaussée romaine, soit assailli par les canons ennemis tirant à vue directe des vergers de Rollot. Au sud, le groupement 11 opérant avec les troupes des 95e et 96e brigades d'infanterie « nettoie les ravins qui descendent sur Neufvy, enlève la ferme de la Garenne et la cote 109, et attaque Saint-Maur. Mais, à partir de ce moment, l'infanterie s'était arrêtée. Certains chars se trouvant à plus d'un kilomètre en avant d'elle et sur le point de manquer d'essence, se replient vers 17 heures ».

Au centre du dispositif, l'engagement prend l'ampleur d'une grande bataille.

Le groupement 3 avec la 152e division, à gauche, dans la zone Méry-Cuvilly, et le groupement 12 avec la 165e division, à droite, dans la zone Belloy-La Taule, pour qui l'on a fait part à deux de l'ensemble des positions ennemies contre lesquelles ils marchent côte à côte, se trouvent non seulement aux prises avec les occupants des positions d'en face, mais encore ils ont à subir les feux croisés venant de toutes les directions et dont l'origine leur échappe.

Tout cependant au début va bien.

Les chars de la 152e division commencent par ouvrir aux fantassins l'entrée de Méry ; ils en chassent l'ennemi en s'y enfonçant comme un énorme trident, le groupe de gauche le débordant par le nord, le groupe de droite par le sud, et le groupe intermédiaire faisant du nettoyage dans l'intérieur de la localité.

Vers midi, la cote 134, sur la route de Ressons-sur-Matz, est atteinte ; mais sa forte saillie sur le terrain en fait un point très visible pour l'ennemi et, donc, particulièrement vulnérable. Aussi, lorsque nos chars veulent s'aventurer plus avant, sont-ils arrêtés par un tir de destruction (tirs directs partis de Cuvilly à moins de 2.000 mètres) qui en met un grand nombre hors de combat.

Néanmoins le groupe de droite, dérobé aux vues de Cuvilly par le profil même du terrain, peut continuer à progresser sous la protection du groupe de réserve qui a pris position à son tour sur la cote 134. Malheureusement son infanterie, peu après décimée par les mitrailleuses de Belloy, ne peut plus l'accompagner jusqu'à ce village ; il lui faut l'aide fortuite des éléments de tête de la 165e division, entraînés par le groupement 11, pour faire tomber cette position.

En même temps le 154e régiment d'infanterie enlevait le bois de Genlis, précédé d'un groupe de chars orienté sur le bois de La Taule et Saint-Maur.

Au soir de cette dure journée de combat, l'ennemi ne se trouvait pas rejeté dans la vallée du Matz ainsi qu'on l'avait projeté ; mais, comme l'a écrit le savant historiographe des « Chars d'assaut », semblable à un taureau atteint du coup mortel qui tournoie étourdi, avant de s'abattre, l'armée de von Hutier sent son élan brisé sous le coup de flanc qu'elle a reçu, et elle arrête sa marche sur Compiègne.

« Ce sera la gloire des chars Schneider et Saint-Chamond d'avoir, par leur concentration rapide, par leur marche brillante à l'ennemi, et par leur ardeur à s'enfoncer dans le Boche, pris la tête de la belle manœuvre du 11 juin et mené jusqu'au bout...

» Les vingt-deux Saint-Chamond et les trente et un Schneider restés sur le terrain de combat y ont marqué le lieu et la date de l'arrêt définitif de l'Allemand dans sa marche sur Paris. »

7° L'éphémère victoire allemande.

(15 juillet 1918.)

La marche sur Paris, par l'Oise, leur étant désormais interdite, les Allemands vont de nouveau, et avec l'espoir d'en finir cette fois, chercher la décision par la coulée de la Marne.

Entre temps, le G. Q. G. français donne à l'armée son règlement de manœuvre d'artillerie d'assaut : coïncidence singulièrement suggestive dont on pourrait dire, à bon droit, qu'à cette heure critique, l'une de ses principales préoccupations avait été un bon emploi des chars d'assaut.

En voici les principes essentiels :

I. — L'artillerie d'assaut manœuvre en liaison intime avec l'infanterie et combat dans ses rangs. Elle est son plus puissant engin d'accompagnement. Dans l'attaque, elle couvre d'abord sa progression, puis son organisation sur les positions conquises.

Elle l'aide à réduire les résistances locales et à repousser les contre-attaques.

La couverture et la protection de l'infanterie par l'artillerie d'assaut consistent pour celle-ci à faire cesser ou affaiblir le feu de l'ennemi, à détourner son attention de l'attaque que mène contre lui l'infanterie, à le maintenir dans ses abris et l'empêcher d'en sortir.

II. — L'infanterie, intimement liée à l'artillerie d'assaut au combat, a pour devoir de prendre possession du terrain conquis par les chars et de le conserver. Elle doit aller là où vont les chars : ce doit être un point d'honneur pour elle de ne jamais laisser un char aux mains de l'ennemi.

Si un char est assailli, elle n'hésite pas à tirer avec des balles non perforantes sur les assaillants. En aucun cas, elle ne doit se replier à la vue des chars revenant en arrière.

III. — L'emploi des chars d'assaut ne doit apporter aucune modification au mécanisme de combat des autres armes qui doit pouvoir se développer normalement avec ou sans eux. Mais dans une action combinée, l'artillerie et l'aéronautique doivent aider l'artillerie d'assaut :

1° Par la neutralisation de l'artillerie ennemie;

2° Par l'action des groupes d'artillerie à tir rapide coiffant les batteries de défense rapprochée de l'ennemi dès qu'elles se révèlent :

3° Par l'aveuglement des observatoires terrestres ayant des vues sur le terrain d'attaque;

4° Par l'augmentation de l'opacité des éclatements de projectiles au moyen d'obus fumigènes;

5° Enfin par l'action des avions contre l'observation et les bombardements des avions ennemis sur la zone où opèrent les chars.

IV. — La répartition des unités d'artillerie d'assaut entre les troupes chargées d'une attaque est basée, en principe, sur l'attribution d'un régiment d'A. S. à un corps d'armée. Dès lors, le bataillon, la compagnie et la section de chars correspondent respectivement à la division, au régiment et au bataillon d'infanterie.

V. — La liaison intime de l'artillerie d'assaut et de l'infanterie au combat est assurée par la subordination de l'unité de chars au commandant de la troupe qui attaque, subordination descendant jusqu'à l'échelon de bataillon inclusivement. Dans ce cas, le chef de l'unité de chars s'emploie comme conseiller technique auprès du commandant de la troupe d'attaque pour tout ce qui concerne l'emploi de l'artillerie d'assaut.

Enfin, l'infanterie doit rendre leur liberté aux chars après qu'ils ont accompli leur mission.

× ×

Le 15 juillet 1918, tous ses préparatifs étant achevés, Ludendorff déclanche sa dernière grande offensive inaugurant la bataille de Champagne qui va durer trois jours.

Sur cette zone, nous avons les quatre armées du groupe du centre commandé par le général Maistre.

Elles sont disposées, savoir :

Entre la forêt de l'Argonne et Reims, la IVe armée du général Gouraud.

De Reims à Château-Thierry, la Ve armée du général Berthelot et la IXe armée du général de Mitry, celle-ci gardant les passages de la Marne.

Entre la Marne et l'Ourcq enfin, alignée sud-est-nord-ouest, la VIe armée du général Degoutte.

Au premier coup Ludendorff nous rejette au sud de la Marne, entre Château-Thierry et Dormans; et, le 15 au soir, ses avant-gardes, qui ont franchi la rivière à Jaulgonne, se sont avancées jusqu'aux lisières sud du bois de Condé-en-Brie.

Le maréchal Foch avait envisagé cette éventualité et s'y était préparé. Dès le 9 juillet, en effet, un corps d'armée, le 3e, qui se trouvait rassemblé dans cette région pour l'exécution de contre-attaques si l'ennemi parvenait à passer la Marne, recevait parmi ses renforts un bataillon de chars légers, le 5e du 502e R. A. S.

Or ils sont là, ces chars, en position d'attente, dans la vallée du Sarmelin, quand les colonnes allemandes se disposent à marcher du bois de Condé sur Montmirail. Contre-attaque de flanc, surprise, arrêt. . L'ennemi n'ira pas plus loin !

A 7 heures du soir, en effet, la 2e compagnie du bataillon, la 314, qui a poussé jusqu'à Celles-les-Condé déjà occupé par les Allemands, lance deux sections de chars, l'une sur Sacconay-Saint-Aignan, et l'autre sur la Grange-aux-Bois, qui forcent l'ennemi à reculer et à se réfugier dans l'épaisseur de la forêt pour n'y plus bouger de toute la nuit.

Le lendemain matin 16 juillet, devenu plus audacieux, l'ennemi reparaît. Toutes les sections des trois compagnies du bataillon se dressent aussitôt sur son passage, agressives dans leur résistance comme des hérissons qu'on harcèle.

D'abord au petit jour, la compagnie 313 contre-attaque sur le chemin de crête de la lisière ouest de la forêt, vers les fermes Janvier et des Etangs.

Ensuite, dans la matinée, la compagnie 314, plus au sud, défend Celles-les-Condé contre qui l'ennemi s'acharne. L'après midi, la compagnie 315 relève la 314 et la lutte se poursuit jusqu'à une heure avancée de la nuit.

Pour la journée du 17, les chars, se jetant en travers sur les lignes de marche de l'ennemi qui objective Montmirail, forment l'armature de la barrière au delà de laquelle il ne passera pas.

Ainsi, au bout de trois jours, l'offensive allemande du 15 juillet 1918, la grande pensée de Ludendorff, se brisait aux tanks français de la forêt de Condé-en-Brie, comme le tranchant de la cognée se brise au cœur du chêne qu'elle veut abattre et où elle rencontre un nœud profond et plus dur que l'acier.

8° La contre-offensive française.

(18 juillet 1918.)

Le jour même où les Allemands prononçaient cette grande offensive et nous obligeaient à leur céder un lambeau de plus de notre territoire lacéré, jusqu'au sud de la Marne, le 15 juillet, le maréchal Foch, jouant serré, montait sa contre-offensive pour la bataille qui allait être décisive enfin.

Etait-ce intuition et prescience, ou plutôt calcul et solution exacte du plus formidable des problèmes? Sans doute tout cela, mais encore clairvoyance de stratège génial.

Cette armée von Boehm qui, faisant face à l'ouest, s'était acharnée à vouloir balayer nos lignes de la forêt de Villers-Cotterets, n'avait pas insisté autrement sentant qu'elle n'y pourrait réussir pour l'heure dite.

Et qu'avait-elle fait? Changeant de direction et tournant au sud, elle s'était étirée pour pouvoir passer par la brèche ouverte de Château-Thierry.

Et les Allemands triomphaient! Mais aveuglés par le succès, ils ne s'apercevaient pas que leur VIIe armée, en créant ce saillant sur la Marne, par-dessus les lignes culbutées du général de Mitry, s'exposait à être étouffée dans l'étreinte de la Ve armée du général Berthelot qui était sur son flanc gauche, de la VIe armée du général Degoutte qu'elle avait sur son flanc droit, et de la Xe armée du général Mangin qui pouvait tomber sur ses derrières.

Or, tel était bien l'ordre donné à ces trois armées pour notre contre-offensive du 18 juillet 1918, et toutes les dispositions préparatoires découlaient de cet ordre.

Dès le 15 juillet, la Xe armée entre l'Aisne et l'Ourcq, et la VIe entre l'Ourcq et la Marne, se ramassent pour attaquer. « Chacune d'elles se renforce de deux divisions américaines. Toute l'artillerie d'assaut leur est attribuée, et ce sera cette fois l'attaque brusquée, sans la moindre préparation d'artillerie, la surprise complète, prometteuse de succès; opération magistrale, qui n'eût pu être conçue du reste, ni exécutée sans l'existence des chars d'assaut », ces remplaçants muets et brefs des longs bombardements avertisseurs.

A l'armée du général Mangin parviennent successivement, les 16 et 17 juillet, trois groupements Schneider, les 1er, 3e et 4e, trois groupements Saint-Chamond, les 10e, 11e et 12e encore meurtris des combats du 11 juin, et trois bataillons de chars légers, les 4e, 5e et 6e du 502e R. A. S., ces mêmes que nous avons vus défendant héroïquement les couloirs de la forêt de Villers-Cotterets.

Ceux-ci, qui se trouvent ainsi sur place, n'ont qu'à serrer sur le front de bataille, tandis que les Schneider et les Saint-Chamond doivent être transportés en chemin de fer et débarqués à Pierrefonds, Villers-Cotterets et Morienval.

L'armée du général Degoutte reçoit pour son compte, venus du camp de Mailly où l'on finissait à peine de les former et de les instruire, les trois bataillons du 503e R. A. S. que l'on dépose à Betz et à Lizy-sur-Ourcq où les attendait le groupement Saint-Chamond 12.

Le plan d'action, pour ce qui concerne les chars d'assaut, peut se résumer dans cette phrase lapidaire :

« L'attaque déclanchée au petit jour doit être une surprise complète. Tout le monde doit s'engager à fond, jusqu'au dernier homme. »

Les unités de chars sont réparties entre les corps de la Xe armée comme suit :

11e corps d'armée, groupement Schneider 3 (trois groupes de trois batteries de trois chars). Ce groupement doit marcher avec la 153e division d'infanterie; position de départ, ravin de Laversine; direction de l'attaque, Saconin-Breuil et Vauxbuin.

20e corps d'armée, les deux groupements Saint-Chamond 11 et 12 (soixante chars) attribués à la 1re division américaine; partant de Cutry, ils ont pour direction d'attaque Missy-aux-Bois et Ploissy. Le groupement 4 (quarante-huit chars) appuyant la division marocaine, entre Saint-Pierre-Aigle, Chaudun et Villemontoire. Le groupement 1 (quarante-huit chars) avec la 2e division américaine; axe de marche Beaurepaire, Vierzy, Tigny.

30e corps d'armée, le groupement 10 (trente chars),

à la disposition de la 38e division d'infanterie chargée d'attaquer dans la région de Longpont; mais ici les chars ne doivent intervenir qu'après l'arrivée de l'infanterie sur les plateaux situés à l'est.

En réserve d'armée, les trois bataillons de chars légers pour l'exploitation du succès.

Remarquons en passant que cette répartition répond bien aux conditions générales d'emploi de l'artillerie d'assaut édictées par l'instruction du 14 juillet 1918 dans les termes ci-après :

« Les chars lourds ou moyens précèdent l'infanterie et les chars légers pour leur frayer un passage et les couvrir pendant le nettoyage des organisations ennemies.

» Les chars légers pourront être utilement employés dans la période d'exploitation pour aller occuper avec des détachements légers d'infanterie des points importants. D'autre part l'intervention des chars peut avoir les plus heureuses conséquences le soir d'une bataille ou le lendemain matin; c'est pourquoi il faut se ménager des réserves. »

Dans la VIe armée l'artillerie d'assaut, formée des trois bataillons du 503e R. A. S. et du 42e groupe de Saint-Chamond, est disposée ainsi qu'il suit :

Le 7e bataillon marche avec la 2e division d'infanterie sur Neuilly-Saint-Front.

Le 8e bataillon se tient avec la 47e division qui a pour objectif Monnes et la cote 180.

Le 9e bataillon met une compagnie à la disposition de la 164e division pour attaquer Saint-Gengoulph et le signal de la cote 173; une autre avec la 63e division est réservée pour l'exploitation.

Le groupe de Saint-Chamond est affecté à la 47e

division d'infanterie conjointement avec le 8e bataillon de chars légers.

« Un gros orage qui éclata dans la nuit du 17 au 18 juillet vers minuit, vint heureusement couvrir tous les bruits suspects. A l'approche du jour tout était calme sur notre ligne. Vaguement l'artillerie ennemie tirait cependant çà et là. Soudain, à 4 h. 35, toutes les crêtes s'illuminent; ce sont nos batteries qui déchaînent un feu infernal; l'attaque d'infanterie part aussitôt. Dans la demi-obscurité les chars ont pris aussi le départ et se hâtent vers les lignes. Un léger brouillard dans la plupart des secteurs, puis le temps couvert toute la matinée vont favoriser la marche. »

Suivons-les chacun dans leur secteur.

Dans l'armée du général Mangin qui est déployée face à l'est, des rives del'Aisne à la vallée de l'Ourcq, sur un front sensiblement parallèle à la route nationale Soissons-Château-Thierry, adossée aux lisières orientales de la forêt de Villers-Cotterets :

Le 11e corps d'armée est à l'aile gauche; il marche de l'ouest à l'est, en direction de Soissons, sur l'axe Laversine-Vauxbuin. Jusqu'à la coupure du ravin de Saconin, perpendiculaire à la direction de marche, les vagues d'assaut, infanterie et chars, n'ont pas grand peine à progresser grâce à la surprise qui a déconcerté l'ennemi; mais à cette coupure commencent les difficultés.

Les Schneider du groupement 3, qui accompagnent les régiments de la 153e division, débouchant à 11 heures sur le plateau à l'est de Saconin, y sont immédiatement pris à partie par l'artillerie ennemie, et éprouvent de ce fait des pertes sérieuses qui les forcent à s'arrêter en même temps que l'infanterie.

Heureusement que, au centre, le 20e corps d'armée réussit mieux. Sa colonne de gauche en liaison avec le 11e corps, qui se porte de Cutry sur Missy-aux-Bois, est entraînée par les chars Saint-Chamond du groupement 12 et enlève le ravin de Missy-aux-Bois, puis tout le terrain jusqu'à l'est de la grand'route Soissons-Villers-Cotterets, débarrassée chemin faisant d'une contre-attaque issue de la ferme Cravançon, par l'action combinée des unités du groupement 12 et de quelques-unes du groupement 11 qui s'élève sur sa droite avec un régiment de la 1re division américaine.

Sa colonne centrale, formée des deux brigades de la division marocaine échelonnées en profondeur, appuyée par les Schneider du groupement 4, en partant de Saint-Pierre-Aigle, se déploie en éventail et s'empare de Dommiers et de la ferme La Glaux au nord, des clairières du jardin et du Translon, au sud.

Après quoi, la brigade de tête se laisse, suivant l'ordre, dépasser par la brigade de queue. Celle-ci, toujours avec l'aide des chars Schneider, pousse vivement jusqu'aux ravins de Chazelles et de l'Echelle, à la limite est du plateau de Chaudun, puis jusqu'au village de Vierzy qui, pris et repris, demeure en fin de journée en notre possession par la ténacité des équipages de chars.

Sa colonne de droite enfin, composée de la 2e division américaine et de différents groupes Schneider du groupement 1 fait tomber la ferme Vertefeuille, nettoie le ravin entre Chaudun et Vaux-Castille, et prépare l'attaque de Vierzy qu'achève, dans la soirée, la colonne centrale comme il vient d'être dit.

Le 30e corps d'armée, à l'aile droite, opère avec les Saint-Chamond du groupement 10. Ils prennent Longpont et les chars entraînent l'infanterie jusqu'au delà de Villers-Hélon.

A l'armée du général Degoutte (VIe) dont le front se développe au sud de l'Ourcq, dans la région ouest de Neuilly-Saint-Front, le rôle de l'artillerie d'assaut est presque exclusivement rempli par les chars Renault du 503e R. A. S.

Dans la zone contiguë à celle où opère l'aile droite de la Xe armée, le 7e bataillon du 503e participe, avec la 2e division d'infanterie, à la prise de Marizy, Passy-en-Valois, Montron et Macogny. Plus au sud, le 8e bataillon, avec la 47e division, prend Dammart, la ferme Lessard, Monnes et Cointicourt.

Enfin à l'extrême droite, le 9e bataillon engage une de ses compagnies dans les rangs de la 164e division qu'elle aide vigoureusement à la conquête des bois de l'Orme au nord de Courchamps.

Le soir du 18 juillet, la contre-offensive française avait produit ce résultat : l'ébranlement total du front de bataille allemand, presque la rupture d'équilibre depuis si longtemps cherchée. L'artillerie d'assaut s'y était consacrée de toutes ses forces et sans compter, car ses pertes s'élevaient, rien qu'avec la Xe armée, à 102 chars sur 223 engagés, et 25 pour 100 du personnel.

8° Préliminaires de l'offensive générale des Alliés.

(Août 1918.)

Pendant les quelques jours qui suivent, des opérations de détail complètent les effets du coup de massue asséné, le 18 juillet, par les généraux Degoutte et Mangin, à l'avant-garde du kronprinz impérial ; car, au commencement d'août, la poche de la Marne achève de se vider sous la pression exercée d'autre part, contre la tête et le flanc gauche de l'armée von Boehm, par les généraux Berthelot et de Mitry.

Et de fait, l'offensive allemande du 15 juillet, qui avait de nouveau mis en péril Paris et la France entière se trouvait rejetée, une quinzaine de jours après, sur sa base de départ, au nord de l'Aisne.

Mais allions-nous, comme quatre ans auparavant, nous laisser immobiliser sur cette ligne d'eau et recommencer, en fatalistes résignés, ce travail de Pénélope appelé la « guerre d'usure »?

Non assurément, car le maréchal Foch, dès le 8 août, prend à son tour l'initiative des opérations, faisant retentir au cadran de l'histoire, enfin, l'heure française.

Et comment va procéder le généralissime des armées alliées? Par pesées alternatives et ininterrompues sur les différents points du front ennemi jusqu'à ce que, descellé, un dernier choc suffise pour l'abattre à jamais.

C'est par la Picardie qu'il commence.

Là, de la Somme à l'Oise s'alignent, du nord au sud, la IVe armée anglaise du général Rawlinson, notre Ire armée du général Debeney, et la IIIe armée du général Humbert. Cette dernière est en liaison, à droite, avec la Xe armée du général Mangin qui se développe en arc de cercle de l'Oise à l'Ourcq.

En face de nous, les trois armées allemandes de von Hutier (XVIII), von der Marwitz (II) et von Belöw (XVII).

L'action débute sur le front de la IVe armée britannique, entre l'Ancre et la route Amiens-Roye.

Déclanchée sans bombardement préalable, mais en utilisant tous les tanks, elle surprend complètement l'adversaire qui attendait l'attaque dans les Flandres.

Le soir du 8 août, les têtes de colonnes atteignent Morlaincourt, Méricourt, Framerville, Vauvillers et Caix avec des pointes poussées jusqu'à la ligne Lihons-Rouvray-Bouchoir. Le butin comprend 7.000 prisonniers dont un état-major de corps d'armée.

Parallèlement aux Britanniques et à leur droite, s'élève notre Ire armée. Elle a reçu le 9e bataillon du 503e R. A. S. et le 11e bataillon du 504e R. A. S. qui avaient débarqué à la gare de Boves le 6 août. Ces unités de chars réparties entre les 37e et 42e divisions d'infanterie, en avant du front Berteaucourt-Thennes, surprennent également l'ennemi, après une préparation d'artillerie très courte mais extrêmement violente; si bien que notre front de bataille est porté, dans la journée du 9 août, aux villages de Fresnoy-en-Santerre et Neuville-Sire-Bernard. 3.300 prisonniers restent entre nos mains.

Le lendemain, différentes unités du 9e bataillon coopèrent à la prise de Hangest-en-Santerre, pendant qu'une compagnie du 11e bataillon, la 333e, nettoyait le chemin creux entre Fresnoy et Hangest, malgré d'innombrables mitrailleuses et fusils antichars disséminés par l'ennemi sur le plateau.

Le 10 août, c'est la IIIe armée du général Humbert qui s'engage à son tour, à la droite de la Ire armée. Elle débouche sur le front Courcelles-Vandelicourt, orientée face au nord, ayant sensiblement pour axe de marche la route Estrées-Saint-Denis-Roye, conjuguant ses mouvements avec ceux de la Ire armée, l'une et l'autre pointant sur Roye, nœud de communication le plus important de la région.

Cette armée dispose du 10e bataillon du 504e R. A. S. qui ne fait que d'arriver des champs de bataille du Tardenois, de Grand-Rozoy et Braisne. Ses unités sont situées au centre du dispositif d'attaque entre

Courcelles et l'Oise, avec objectif Ressons-sur-Matz; la compagnie 328 est à gauche avec la 165e division, et la 329 à droite avec la 6e division d'infanterie.

Les chars de gauche enlèvent successivement le parc de La Taule et le moulin Machet; ceux de droite s'emparent de la station de Ressons, puis de cette localité, et, enfin, de La Neuville qu'ils livrent à notre infanterie.

L'ennemi est rejeté sur les anciennes lignes fortifiées de Chaulnes, Roye et Lassigny.

C'est le résultat de la pesée sur le front de Picardie, entre Somme et Oise.

× ×

Voici que maintenant la pression va se faire sentir entre l'Oise et l'Aisne, dans le secteur tenu par la Xe armée. Elle va servir comme de contrepoids à l'action développée par l'armée voisine du général Humbert, et qui est tenue en échec, elle, par la IXe armée allemande du général von Carlowitz établie dans la boucle de l'Oise, en forêt d'Ourscamp et bois de Carlepont.

A la suite d'opérations préliminaires réalisées pour gagner une base de départ plus avantageuse, la Xe armée entre en scène le 20 août sur un front de 25 kilomètres.

Sa dotation en artillerie d'assaut comprend un bataillon de chars légers du 502e R. A. S., le 11e groupe Schneider et trente chars Saint-Chamond fournis par le groupement 13. Ces unités sont distribuées de la façon suivante :

Le groupement Saint-Chamond, avec le 18e corps d'armée chargé d'enlever Lombray et Le Fresne.

Le bataillon de chars légers, attribué au 7e corps

d'armée qui doit prendre possession du plateau au nord de Nampcel.

Enfin, le groupe Schneider, pour marcher avec la 11e division d'infanterie sur le plateau au nord de Nouvron-Vingré.

En trois jours, le front de la Xe armée gagne la ligne Manicamp, canal de l'Ailette, Pont-Saint-Mard, station de Juvigny et Cuffies, c'est-à-dire les avancées du massif de Saint-Gobain, une des positions les plus fortes de l'ennemi. (*Voir croquis n° 5.*)

Quel rôle y ont joué les chars d'assaut? Plus ou moins réussi, toujours héroïque, souvent glorieux.

Des deux batteries Schneider appuyant la 11e division d'infanterie, l'une ne peut suivre son infanterie étant arrêtée par des organisations défensives très puissantes; l'autre au contraire devance les colonnes d'attaque et les entraîne à travers le plateau, de Nouvron à Bieuxy, en dépit des tirs d'artillerie ennemis qui, très efficaces, lui démolissent successivement tous ses appareils jusqu'au dernier.

Sur le plateau de Nampcel, les chars légers décrochent un bataillon de Sénégalais qui s'est laissé arrêter au franchissement d'un ravin; puis ils s'emparént d'un château d'où ils commandent les débouchés du plateau, ce qui permet à notre infanterie de passer; enfin, en coopérant vers le soir, à la prise du village de Blérancourdelle, ils assurent la conquête définitive de tout ce plateau.

Mais eux aussi payent chèrement leur victoire : six périssent sous les obus et huit autres tombent en panne; leurs équipages y laissent 30 pour 100 de leur effectif.

Du côté de Lembray, les Saint-Chamond se trouvent retardés par de nombreuses pannes; néanmoins trois d'entre eux réussissent à accompagner l'infan-

Coucy-Château
124
Canal de l'Oise à l'Aisne
58
l'Aillette
54
68
Pont à Courson
Mont St Marc
Béthencourt
160
Crécy-au-Mont
Limonval
145
Leuilly
122
Vauxaillon
157
Banc de Pierre
159
Fontaine St Remy
171
169
Neuville-s-Margival
Juvigny
Sorny
Terny
195
131
172
Margival
Leury
Clamecy
123
80
Vuillery
170
Chavigny
159
Braye
Maubeuge
128
132
Cuffies
138
Vregny
Pasly
129
Crouy
151
146
SOISSONS
43
Bucy-le-Long

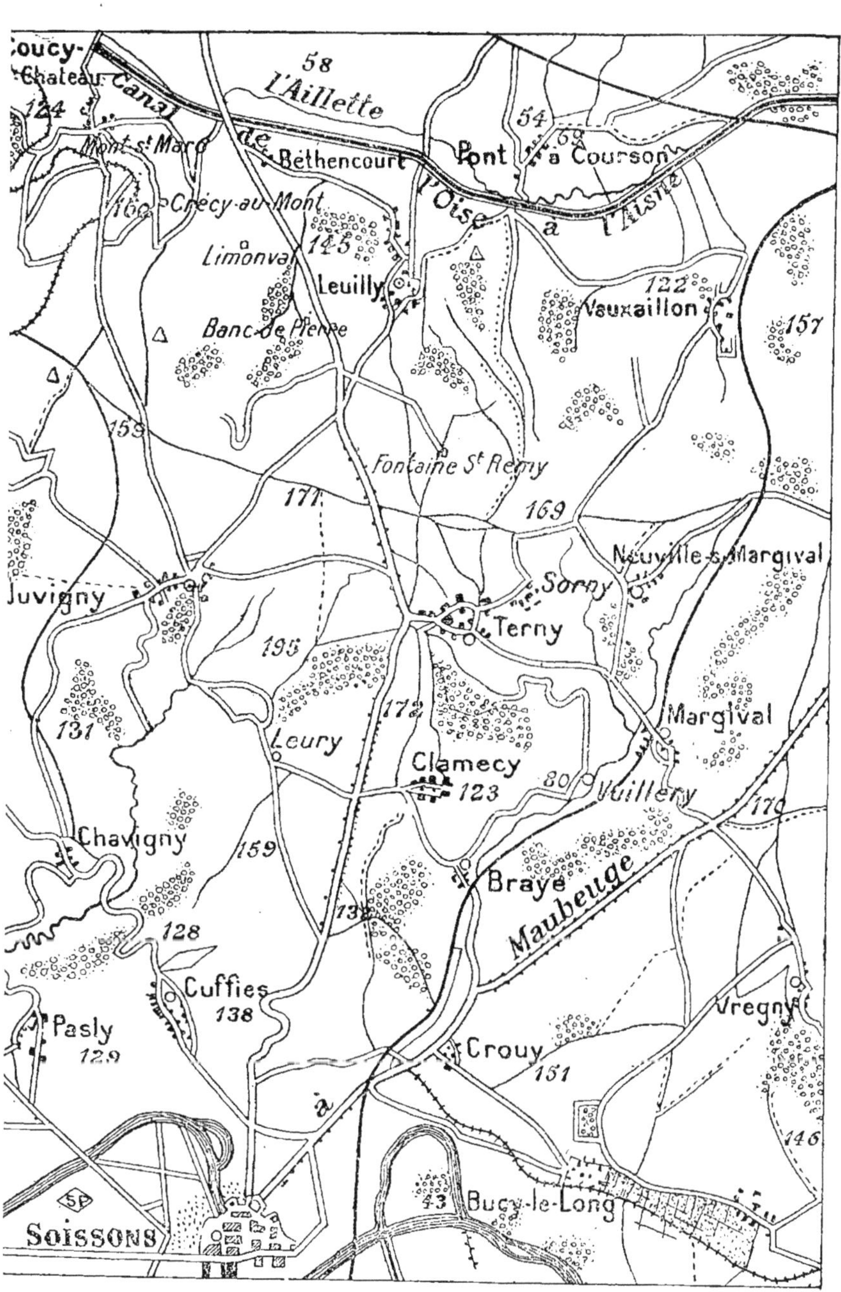

Croquis n° 5.

terie jusqu'à ses objectifs. Un peu plus tard, dix de ceux restés en panne ont fini par se remettre à fonctionner; ils reprennent le combat, marchant à l'attaque des villages de Camelin, Le Fresne, Besmé et des fermes La Jonquière et Javelle; ils en chassent l'ennemi par leurs feux et ouvrent par là à l'infanterie la voie jusqu'au canal de l'Ailette.

L'ennemi, rejeté de ses positions, s'arc-boute à son centre principal de résistance sous Saint-Gobain.

La Xe armée l'y talonne et, le 28 août, la lutte reprend avec une énergie accrue d'un grand renfort de chars blindés : les trois bataillons du 502e R. A. S., les trois bataillons du 503e, et un bataillon du 504e, soit sept bataillons de chars Renault.

Les bataillons du 502e sont affectés au 30e corps d'armée :

« Le premier doit accompagner la 17e division dans le secteur nord pour l'attaque de Crécy-au-Mont et de la ferme Limonval; le deuxième met une compagnie à la disposition de la 66e division qui attaque le Banc-de-Pierre et le plateau du mont de Leuilly, et deux compagnies à la disposition de la 32e division américaine qui a charge d'enlever le plateau nord de Juvigny et Fontaine-Saint-Remy; le troisième bataillon enfin, reste en réserve d'armée.

» Quant aux bataillons du 503e, ils vont au 1er corps d'armée dans le secteur sud de l'attaque : le premier, à l'extrême droite, avec la 5e division; le deuxième, au centre, avec la 69e division et le troisième à gauche, avec la 41e division par qui se fait la soudure avec le 30e corps. »

Le bataillon du 504e, le 12e, n'interviendra qu'un peu plus tard.

Le front d'attaque s'étendait de l'Ailette à l'Aisne,

orienté ouest-est et jalonné par Crécy-au-Mont, Juvigny et Crouy.

Du 28 août au 5 septembre, en huit jours de combats incessants et acharnés, ce front s'avancera, en repoussant l'ennemi jusque dans la basse forêt de Coucy, Coucy-la-Ville, Landricourt, Margival, Vregny et les abords du fort de Condé.

Les premiers jours, ce ne sont pour ainsi dire que des prises de contact, mais violentes sur certains points, comme par exemple sur le plateau au nord de Cuffies où le 503e R. A. S. se fait détruire une douzaine de chars, et sur la ligne Crécy-au-Mont-Juvigny où un bataillon du 502e engage une sorte de lutte corps à corps avec un grand nombre de mitrailleuses qui, échelonnées en profondeur sur toute l'étendue de la position, ne peuvent être toutes détruites par les chars et enrayent l'avance de notre infanterie.

A vrai dire, la bataille n'atteint son plein développement que le 31 août, après une préparation d'artillerie d'une durée de quatre heures.

Les Allemands ont adopté, contre les chars d'assaut devenus leur cauchemar, des dispositions de défense particulièrement étudiées. Le 502e R. A. S. en éprouve tout de suite les premiers effets en attaquant les positions du Banc-de-Pierre et du mont Leuilly avec la 2e division marocaine et la 66e division d'infanterie, et celles de Juvigny et Fontaine-Saint-Rémy avec la 32e division américaine : sur les deux bataillons de chars engagés, vingt-quatre appareils sont mis hors de combat.

Ces pertes n'affaiblissent pas cependant l'élan de nos troupes qui en arrivent à entamer la troisième position de défense allemande vers Terny-Sorny, le long de la route nationale Soissons-Béthune.

Plus au sud, le 503e R. A. S. engage quelques-unes de ses sections et aide les divisions du 1er corps d'armée à enlever le village de Leury et à atteindre la lisière nord de Crouy.

La lutte continue le lendemain et le surlendemain avec une violence de plus en plus grande.

Le 2 septembre, à l'heure fixée, les troupes de la 66e division et de la 1re division marocaine qui opèrent dans la partie nord du secteur d'attaque, c'est-à-dire entre Crécy-au-Mont et Juvigny, marchent sur Sorgny.

Le combat se développe méthodiquement suivant les règles. Aussitôt après la préparation d'artillerie, les chars disponibles du 502e et du 12e bataillon du 504e devancent l'infanterie, couverts par l'emploi d'obus fumigènes, et collent au barrage roulant.

« Malgré une défense antichars solidement organisée, sur le plateau, par l'ennemi, les chars font d'excellente besogne et réduisent de nombreuses mitrailleuses. Douze sont détruits, mais à ce prix l'infanterie enlève quinze cents mètres de terrain en profondeur.

» Non loin de là, deux compagnies du 503e R. A. S., précédant les 41e et 59e divisions d'infanterie, abordent et même dépassent en certains points la route Soissons-Béthune malgré un feu extrêmement violent. »

Enfin deux autres compagnies de ce même régiment aident la 69e division qui, partant de Crouy, avait à escalader les pentes du plateau de Vregny. Progressant par les ravins, les chars évitent par là l'attaque frontale de la position très fortement organisée et réduisent, en débouchant sur le plateau, de nombreuses mitrailleuses.

Une section est poussée sur Bucy-le-Long où elle

capture 80 prisonniers et facilite, de cette manière, le passage de l'Aisne à la 5e division d'infanterie.

En fin de journée, la 69e division occupe la crête du plateau et l'extrémité droite de notre ligne s'appuie au fort de Condé non loin de l'Aisne, sur les pentes de ce secteur fameux du Chemin-des-Dames d'où nous avait expulsés trois mois auparavant la puissante offensive allemande de fin mai 1918.

10° L'offensive américaine de septembre 1918.

Septembre 1918! De la mer du Nord à la mer Egée, d'Ypres à Salonique, les Alliés sonnent l'hallali.

Pour commencer, l'armée d'Orient va enlever de haute lutte aux Turco-Bulgares les formidables crêtes du Sokol-Dobropolie, entre la Cerna et le Vardar, et, par là, rentrer en Serbie, remonter jusqu'au Danube et menacer de prendre à revers le front austro-allemand.

C'est véritablement cette fois le commencement de la fin! Mais les beaux soldats des Etats-Unis n'ont pas encore donné toute leur mesure, et ils brûlent de se montrer dignes de leurs glorieux alliés. Aussi voit-on soudain la 1re armée américaine passer de la défensive à l'offensive dans le secteur dont elle assurait la garde, sur les côtes lorraines.

Cette armée possède en propre deux bataillons de chars qui forment sa brigade de tank's corps. L'artillerie d'assaut française lui apporte un renfort sérieux comprenant les trois bataillons de chars légers du 505e R. A. S., la section de réparations du 504e, deux groupes Schneider, les 14e et 17e, et deux groupes Saint-Chamond, les 34e et 35e. De plus, affirmation de la belle confraternité d'armes des trois grandes aviations amies, les forces aériennes américaines se voient renforcées de nombreuses escadrilles françaises et anglaises constituant « la plus grande masse d'aviation qui ait jamais été engagée ».

Déclanchée le 12 septembre, l'offensive américaine, partie du front Regniéville-Limey-Flirey-Richemont, allait, en trois jours de bataille, « nous amener à proximité de la zone sud du camp retranché de Metz ». (*Voir croquis n° 6.*)

Le plan d'action a prévu deux attaques simultanées, la principale face au nord, menée par deux corps d'armée, et l'autre à sa gauche exécutée par un corps d'armée marchant ouest-est vers Vigneulles-les-Hattonchâtel.

Toute l'artillerie d'assaut est employée à l'attaque principale : deux bataillons de chars légers du 505e R. A. S. et les deux groupes Saint-Chamond, avec le corps d'armée placé à droite, entre Limey et Regniéville;

— les deux bataillons du tank's corps et les deux groupes Schneider, avec le corps d'armée placé à gauche entre Limey et Richecourt;

— le troisième bataillon du 505e en réserve dans la zone du corps d'armée de droite.

Le 12 à l'heure H, 5 h. 30 du matin, il pleut, le sol très gras rend difficile le roulage des chars; mais les quatre heures de préparation d'artillerie ont réduit la résistance ennemie, et l'infanterie du corps d'armée de droite peut gagner de vitesse jusqu'aux lisières nord du bois de Heiche où les chars ne tardent pas à la rejoindre.

A gauche, les Schneider trouvent l'occasion d'un meilleur emploi. Les colonnes d'attaque d'infanterie ayant été arrêtées par les mitrailleuses ennemies à l'est de Saint-Baussant et sur la croupe sud-est de

Maizerais, les chars viennent faire taire les mitrailleuses et ils ouvrent de la sorte à l'infanterie et au tank's corps le village d'Essey. De ce village, un des

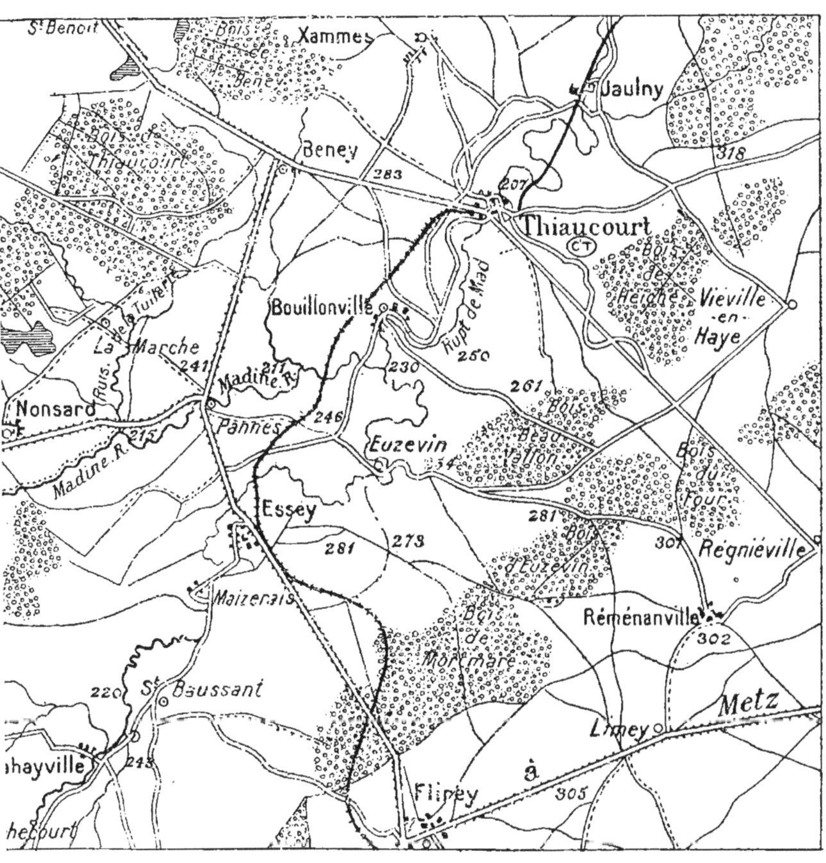

Croquis n° 6.

bataillons du tank's corps progresse sur Nonsard et y entre, pendant que le second attaque et atteint Pannes et Beney, non suivi tout d'abord par l'infanterie, mais rejoint par elle dans l'après-midi, après qu'il a eu mis en fuite les mitrailleurs ennemis, et détruit une batterie de 77.

Le lendemain 13, vers midi, cinquante tanks américains et vingt-deux Schneider parviennent à Saint-Benoit; d'autres pénètrent à Vigneulles à minuit; enfin, à droite, les Saint-Chamond conduisent l'infanterie à Xammes.

Le troisième jour, pour finir, quelques chars exécutent un raid audacieux jusqu'à Woël et Janville en détruisant sur leur passage des canons et des mitrailleuses.

Les Américains avaient atteint leur objectif, et leur victoire se chiffrait par 15.000 prisonniers et 440 canons ennemis.

11° L'attaque générale.

(26 septembre 1918.)

L'attaque générale commence le 26 septembre 1918.

Où en étions-nous à cette date ? D'une manière générale notre front de bataille touchait presque à la position Hindenburg.

Cette position constituait un système de fortification extrêmement puissant et qui s'étendait d'une extrémité à l'autre du front allemand replié, sur une ligne générale dont les points de jalonnement principaux se nommaient, au mois de mars 1918 :

Dixmude, Armentières, Lens, Saint-Quentin, Coucy-le-Château. massif de Saint-Gobain, Berry-au-Bac, Betheny; au nord de Reims, forêt d'Argonne; région nord de Verdun, Saint-Mihiel, et, au delà, jusqu'aux frontières de Lorraine.

J'en emprunte la description sommaire à l'opuscule très précis du capitaine Hoff qui a pour titre : « *La bataille décisive* » :

« La ligne Hindenburg présentait trois positions nettement caractérisées : la première, sur laquelle devait se faire la résistance, utilisait généralement un cours d'eau et se composait théoriquement de cinq lignes de tranchées parallèles précédées de réseaux de fil de fer; la deuxième, qui comprenait trois lignes, se trouvait à une distance suffisamment grande de la première pour qu'une même préparation d'artillerie ne puisse les battre simultanément; la troisième position enfin, ne comportait généralement que des réseaux, les tranchées étaient simplement ébauchées, mais tout était prévu pour une construction et une occupation rapides. »

La position était évidemment par elle-même d'une grande puissance; mais, aux derniers jours de septembre 1918, quelle était la force de résistance de ses défenseurs ?

Depuis plus de deux mois qu'ils battaient en retraite en nous laissant à chaque étape un matériel énorme et d'innombrables prisonniers, n'avaient-ils pas déjà, par avance, sacrifié l'idée de défendre ces lignes à celle plus impérieuse d'effectuer leur repli jusqu'aux frontières mêmes de leur territoire d'empire afin d'en assurer l'inviolabilité ?

Certes, nous savions bien que les Allemands ne nous céderaient le terrain que contraints et forcés, et que cela nous coûterait encore des sacrifices considérables; mais nous nous sentions portés par la victoire, et rien de tout ce que pouvait désormais entreprendre l'ennemi pour nous faire échec ne nous semblait insurmontable. Par là nous avions pris sur l'adversaire une grande supériorité morale qui ne permettait plus de douter de notre succès final.

On a divisé en trois phases ce qui a été le suprême événement de cette guerre, la bataille décisive.

L'écrivain auquel j'ai fait allusion tout à l'heure, note que ces phases sont caractérisées par de fortes attaques menées simultanément aux deux ailes, puis se développant progressivement sur tout le front et entraînant un repli général de l'ennemi, particulièrement accentué au centre.

a) **Première phase.**

Considérons, en premier lieu, les attaques simultanées aux deux ailes, d'abord à droite, sur le front de Champagne et en Argonne par la IVe armée du général Gouraud et la 1re armée américaine du général Pershing; ensuite à gauche, en Flandre, par l'armée belge et la IIe armée britannique du général Plumer.

Le 26 septembre 1918, trois ans jour pour jour après la première et si meurtrière offensive de Champagne, la IVe armée française, sur le même terrain et contre les mêmes positions ennemies, engage le combat de rupture si longtemps espéré.

Le plan expose que le front d'attaque est compris entre Sainte-Marie-à-Py et Fontaine-en-Dormois. (*Voir croquis n° 7.*)

Quatre corps d'armée s'y trouvent à pied d'œuvre dans l'ordre, de la gauche à la droite : 11e, 21e, 2e et 9e C. A.

Chacun des flancs s'étaye sur un autre corps d'armée, à gauche le 14e C. A. et à droite le 38e C. A.

L'artillerie d'assaut, disposée au centre, est répartie :

Au 2e C. A. qui doit attaquer dans la région de Tahure, les 45 chars légers d'un bataillon du

506e R. A. S. et deux groupes Schneider, du groupement 3.

Au 21e C. A., 90 chars fournis par deux bataillons du 501e R. A. S. et deux groupes de 10 chars Schneider.

Enfin au 11e C. A. les 10e et 11e bataillons du 504e R. A. S. qui fournissent eux aussi 90 chars légers.

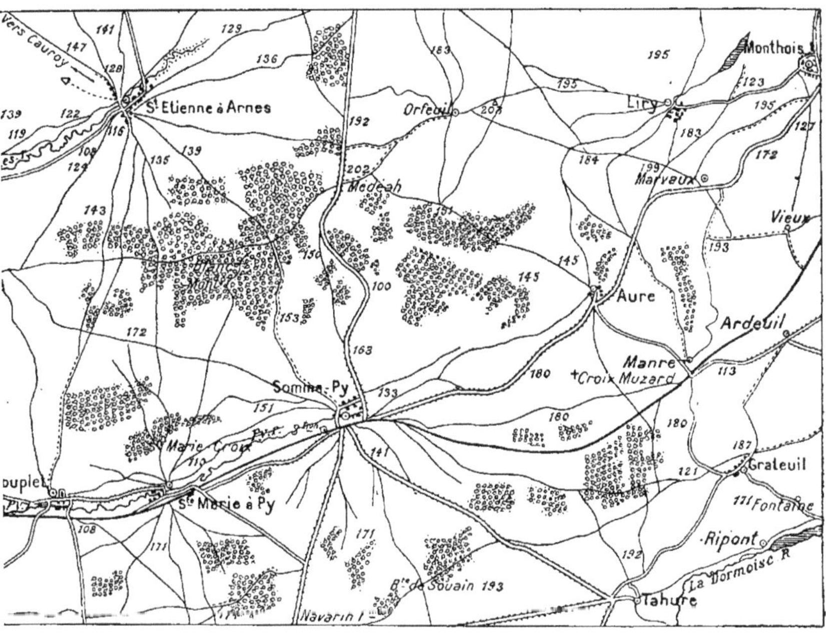

CROQUIS N° 7.

Les deux derniers bataillons du 506e et deux groupes Saint-Chamond sont prévus pour constituer éventuellement la réserve d'artillerie d'assaut de l'armée.

Le jour J c'est le 26 septembre, l'heure H c'est 5 h. 25. La préparation d'artillerie dure depuis la veille à 23 heures.

« L'attaque débouche sur tout le front de l'armée, et l'infanterie s'enfonce rapidement dans les lignes de l'ennemi surpris. »

Les chars suivent d'assez loin derrière, car, à travers cette zone bouleversée, devenue un véritable paysage lunaire par trois années de luttes ininterrompues et de bombardements continuels, il ne faut pas moins de 2.800 travailleurs spéciaux pour construire, à l'abri des vagues d'assaut, des pistes et des passages sur les tranchées. D'ailleurs l'intervention des chars n'est ordonnée que pour le lendemain 27.

Ce deuxième jour de la bataille la IVe armée, qui n'a rencontré qu'une faible résistance jusque là, se trouve déjà, à l'aube, aux environs de la ferme Navarin à gauche, au mont Muret et à la butte Souain au centre, et à la Dormoise à droite.

A partir de ce moment, les unités de chars vont s'engager d'une manière en quelque sorte fragmentaire. et à la demande même de l'infanterie au fur et à mesure de ses besoins. C'est le combat par tranches vives, pourrait-on dire, car à chaque parcelle de terrain que l'infanterie veut enlever, elle n'y réussit que lorsqu'une section de chars y a pratiqué déjà de profondes entailles. Par exemple, les têtes de colonnes qui ont atteint la ligne Somme-Py, Croix-Muzard et Manre, le 28 septembre, ne peuvent s'accrocher en ces points ce jour même qu'après leur avoir été remis par les équipages de chars; pas plus qu'elles ne s'y maintiendront, le lendemain 29, que grâce aux cruels sacrifices subis par l'artillerie d'assaut pour repousser les contre-attaques ennemies.

Il est vrai de dire que, depuis le début de l'opération, la résistance de l'adversaire s'est consolidée sur cette partie du front, car il y a appelé un renfort de dix divisions nouvelles pour remplacer les 13.000 hommes et 300 canons que nous lui avons capturés. Sans se lasser pourtant, le commandement français équipe une opération d'ensemble renforcée, elle aussi, en proportion des forces accrues de la défense.

Le 3 octobre, le 21e corps d'armée doit mener l'attaque principale avec trois divisions en ligne :

La 2e division américaine, à gauche, objectif : Blanc-Mont;

La 167e division française, au centre, objectif : ferme Médéah;

La 43e division française à droite, objectif : Orfeuil.

Son flanc gauche sera couvert par le 11e corps d'armée qui est chargé d'une action dirigée sur Notre-Dame-des-Champs.

Il lui est attribué, comme artillerie d'assaut, deux bataillons de chars légers du 501e R. A. S. pour la division américaine, et un bataillon du 506e pour chacune des deux divisions françaises.

D'autre part la division de droite du 11e corps reçoit deux bataillons du 504e R. A. S.

Au matin, vers 7 heures, la division américaine qui progresse rapidement sur Blanc-Mont est rattrapée par ses chars; ils font alors devant elle du déblayage sérieux, les uns capturent de nombreux prisonniers, d'autres repoussent des contre-attaques, une compagnie enfin détruit de nombreuses mitrailleuses et trois canons antichars.

A la ferme Médéah et au village d'Orfeuil, ce sont les chars qui, pour ainsi dire seuls en fin de compte, attaquent et enlèvent les positions, l'infanterie restant clouée au sol par le feu implacable des mitrailleuses ennemies.

En somme, les objectifs fixés étaient atteints grâce à l'action des chars d'assaut.

Au surplus, la ténacité des Allemands à défendre leurs positions est déjà moins âpre, et la IVe armée ne laissera pas passer l'occasion d'exploiter ce fléchissement...

En effet, lorsque, quatre à cinq jours après, l'on s'aperçoit que l'ennemi a évacué de lui-même la région des monts, trente sections de chars et des troupes fraîches sont jetées à ses trousses. Cette fois, le 2e corps d'armée, avec trois sections de chars du 506e R. A. S., forme pivot à droite.

La 2e division américaine est chargée de l'action essentielle appuyée par deux bataillons du 501e, en direction de Machault.

A sa gauche, marchant sur Cauroy, la 7e division française, aidée par six sections de chars du 504e R. A. S. Son flanc droit est couvert par la 73e division avec un bataillon de chars du 506e.

Ce dispositif qui semble être calqué sur celui de l'attaque du 3 octobre, va, du fait même de cette similitude, rencontrer un ennemi mieux informé et mieux préparé par conséquent, donc plus résistant.

On saura, en effet, par les prisonniers de cette journée, que les Allemands, avertis par le bruit des moteurs des chars gagnant leurs positions de départ pendant la nuit précédente, avaient pris leurs dispositions en conséquence et augmenté notamment dans de fortes proportions leur contingent de mitrailleuses et leurs défenses contre chars.

Effectivement, lorsque, à l'heure dite, l'infanterie américaine part à l'attaque, un barrage violent de l'artillerie ennemie met de nombreux chars hors de combat, et le feu des mitrailleuses jette le désarroi dans les colonnes d'assaut. De ce côté-ci l'on stoppe, et l'on s'organise en vue d'une défense sur place.

Par bonheur, à gauche, la 7e division réussit à surmonter les difficultés qu'elle rencontre sous ses pas. Pendant la nuit précédant l'attaque (nuit du 7 au 8 octobre), des passages ayant été établis sur l'Arnes, les chars du 10e bataillon du 504e R. A. S. qui opèrent avec cette division entraînent l'infanterie sur une profondeur de 3 kilomètres, jusqu'aux lisières du bois au sud de Cauroy.

De même à droite, le bataillon de chars légers du 506e peut pousser au delà de la route d'Orfeuil à Saint-Etienne. Toutefois, après ce premier bond, ces chars doivent arrêter leur progression très profondément atteints par les mitrailleuses et fusils antichars ennemis.

Malgré tout, le choc produit influence le moral de l'adversaire, qui bientôt abandonne ses positions de la Suippe à l'Arnes.

A la droite de la IVe armée, de l'autre côté de la forêt d'Argonne, entre cette ligne de crête et la vallée de la Meuse, le général Pershing a déclanché son attaque le même jour que le général Gouraud, c'est-à-dire le 26 septembre. Son champ de bataille est inclus dans le secteur : Vauquois, Montfaucon, Romagne, Apremont.

L'armée américaine comprend trois corps d'armée, les 1er, 3e et 5e.

Le 5e corps, placé au centre, doit opérer sur les deux versants, ouest et est de Montfaucon. On lui affecte les trois bataillons de chars légers du 505e R. A. S., un bataillon du 506e et deux groupes de chars Saint-Chamond.

Le 1er corps est à gauche, dans le voisinage de l'Aire. Il dispose des deux bataillons du tank's corps américain et de deux groupes de chars Schneider.

Le 3e corps, qui doit opérer à droite, ne reçoit pas de chars d'assaut.

Du premier au dernier jour de cette bataille (du 26 septembre au 9 octobre) on peut dire, en vérité, que les Américains ont usé de l'artillerie d'assaut comme d'un caterpillar dont il faut que le premier patin s'agrippe au sol pour que les autres suivent. En effet, dès le début, bien que le plan d'engagement n'eut prévu l'intervention des chars d'assaut qu'après l'enlèvement par l'infanterie de tout le terrain jusqu'à la ligne Véry-Cuisy inclusivement, leur concours est sollicité par les colonnes d'attaque, et il leur est accordé très largement. (L'esprit pratique des Américains les conduisait tout de suite à l'application de ce principe humanitaire que lorsqu'on a une machine, on l'emploie de préférence à l'homme.)

Au centre, le 5e corps d'armée, le 26 septembre au matin, lance ses vagues d'assaut qui, par bonds rapides, gagnent du large sur tout le front. Mais les voici arrêtées au sud du bois de Cuisy par des feux nourris de mitrailleuses...et elles demandent des tanks.

Le 1er bataillon du 505e R. A. S. dépêche deux sections qui, immédiatement, neutralisent les mitrailleuses du bois et permettent ainsi à l'infanterie d'en prendre possession vers 17 heures.

Une heure plus tard, une autre section du même bataillon attaque l'ennemi posté dans les boqueteaux bordant la route Malancourt-Montfaucon, et le met en fuite. Enfin, à 19 heures, une quatrième section entraîne l'infanterie jusqu'aux contreforts sud de Montfaucon.

A gauche, dans la zone du 1er corps d'armée, le long de la vallée de l'Aire, les résistances rencontrées par l'infanterie obligent les chars à lui porter secours. Ceux-ci abordent les défenses de Varennes, les font tomber sous leurs coups de bélier, et pénètrent dans la ville vers 9 h. 30. Ce n'est que quatre heures plus tard que l'infanterie les y rejoint. Il en est de même pour la prise du village de Cheppy qui est bourré de défenses antichars, et dont les deux groupes Schneider finissent par avoir raison après une lutte des plus meurtrières. L'infanterie y arrive ensuite et, de là, elle peut progresser appuyée par les chars jusqu'à Véry. Le lendemain 27, il faut que ce soit un bataillon de chars du 505e qui encercle Montfaucon et, par cette manœuvre, permette à l'infanterie d'y accéder.

Dans la soirée, les chars poursuivent l'ennemi, progressent jusqu'à Septsarges et Nantillois et en chassent l'ennemi.

Le 28 et les jours suivants, les mêmes actions se répètent suivant le même rythme.

Dans la direction de Cierges et de Cunel, objectifs du 5e corps d'armée, les chars légers du 505e, tout d'abord, conquièrent pour l'infanterie jusqu'au fond du bois de Cunel et les chars Saint-Chamond, ensuite, jusque près de la ferme de la Madeleine.

Mais l'infanterie américaine ne sait pas tenir ces prises, car, après avoir atteint la Madeleine et le bois des Ogons, elle se replie en laissant sept chars en panne tomber aux mains de l'ennemi.

L'infanterie américaine ignorait certainement à ce moment cette prescription formelle de notre Règlement, que ce doit être un point d'honneur pour l'infanterie de ne jamais laisser un char aux mains de l'ennemi.

Dans la région à l'est de l'Aire, les chars Schneider, appuyant l'attaque d'unités du 1er corps d'armée en direction de Charpentry, Romagne, atteignent rapidement les objectifs et entrent à Charpentry.

Après quoi, renforcés par quelques chars légers, ils conduisent l'infanterie jusqu'à la ferme Chaudron.

De l'autre côté de la rivière, les chars doivent prendre et reprendre Apremont jusqu'à cinq fois avant que l'infanterie puisse y parvenir et s'y consolider.

A partir du 3 octobre la manœuvre s'amplifie pour une action offensive d'ensemble.

« L'attaque est lancée le 4 octobre sur le bois de la Pultière, Cunel, Romagne et les hauteurs au nord de Gesnes. Les trois batteries de Saint-Chamond, mises à la disposition de la division de gauche du 3e corps d'armée, nettoient les lisières sud du bois des Ogons; mais malgré leurs appels, l'infanterie ne dépasse pas le ravin des sources de Wilpré.

» A l'est de l'Andon, les chars, d'abord bien suivis par l'infanterie, enlèvent la tranchée de la Mamelle; cependant, à la nuit, l'infanterie qui a subi de grosses pertes abandonne une partie de ses gains de la journée.

» Sur l'autre rive de l'Andon deux sections du 506e R. A. S. donnent à l'infanterie le village de Gesnes après l'avoir pris et repris deux fois.

» Une seule compagnie de ce régiment reste encore sur le terrain pour opérer une attaque sur Romagne. Préparée par des reconnaissances les 7 et 8 octobre, effectuée le 9 avec un régiment de chaque côté de la route Cierges-Romagne, menée par les chars à partir de la tranchée de la Mamelle, l'attaque réussit et Romagne est enlevé. »

Ainsi donc, durant la première phase du dernier stade de la guerre, les Américains comme les Français ont atteint leurs objectifs à l'aile droite.

Dans le même temps que font à l'aile gauche, en Flandre, les Belges et les Anglais qui sont aux prises avec l'une des armées du kronprinz de Bavière.

Le 28 septembre, jour fixé pour le déclanchement

de leur attaque générale, est la date d'une belle victoire pour la « vaillante petite armée belge ». En quelques heures elle enlève la puissante position de la forêt d'Houthulst avec 9.000 prisonniers et 200 canons allemands.

Les chars d'assaut arrivent juste à point pour contribuer à l'exploitation du succès. Le 1er bataillon du 501e R. A. S. qui a débarqué deux de ses compagnies à Bergues, du 24 au 28 septembre, commence par en fournir une, le 30 septembre, en appui de la progression vers Hooglede. C'est donc un magnifique début pour l'aile gauche des armées alliées. Aussi est-ce sous les meilleurs auspices que se prépare, pour le 3 octobre, une grande attaque en vue de laquelle la VIe armée française du général Degoutte est venue s'intercaler entre les Belges et la IIe armée britannique.

A cette opération prennent part les deux compagnies de chars du 501e R. A. S. Mais le terrain d'attaque est difficile et l'organisation défensive des Allemands combinée pour rester hors d'atteinte des chars. En effet, tout autour de Hooglede, les batteries de mitrailleuses, en nombre considérable, se dérobent sous abris bétonnés dans le sol, aux étages des maisons, dans les clochers et cheminées d'usine. Dans ces conditions, nos chars ne pouvant éteindre leur feu, l'infanterie est obligée de s'arrêter à Hooglede et à Reygerie.

Par contre, devant le front de la IIe armée anglaise, la VIe armée allemande se retire vers le canal de la Haute-Deule en abandonnant Armentières, Fournes, Wingles et Méricourt.

Ces résultats fort satisfaisants sont ainsi résumés dans l'opuscule sur la *Bataille décisive*.

« On avait gagné quatorze kilomètres en profondeur

sur un front de quarante kilomètres; Ypres et Dixmude étaient dégagés, et la Lys bordée de Werwicq à Armentières. Cette avance menaçait les lignes de défense qui suivaient la côte, ainsi que celle de Lille vers le sud. Le butin s'élevait au total de 10.000 prisonniers, 350 canons, 200 mortiers de tranchée, et 600 mitrailleuses. D'autre part, notre avance par les ailes menaçant d'enveloppement les armées allemandes placées au centre du dispositif général, celles-ci rompent brusquement le combat et cherchent, en se repliant, à raccourcir leur front pour en maintenir la densité tout en se créant des réserves. Mais, exécuté sous la pression continue de nos armes, ce mouvement allait leur coûter de très lourdes pertes en prisonniers et en matériel. »

b) Deuxième phase.

Le 14 octobre, le front ennemi étant rompu, les armées de Flandre doivent marcher en direction de Thielt et de Gand.

Leur artillerie d'assaut comprend les deux premières compagnies du 501e R. A. S., les mêmes qui ont combattu avec ces armées les jours précédents le troisième bataillon du 501e R. A. S. et le groupement 12 Saint-Chamond. La répartition de ces unités fait placer :

A droite, les compagnies du 501e R. A. S. pour continuer leur attaque entre Hooglede et Roulers;

A gauche, la première compagnie du bataillon du 504e R. A. S. et un groupe Saint-Chamond, pour marcher contre Geite avec la 70e division;

Au centre, les deux autres compagnies du 504e et deux groupes Saint-Chamond pour enlever le plateau de Hooglede et les hauteurs de Coolscamp en liaison avec la 77e division.

Voici comment est décrite la bataille dans l'ouvrage déjà cité sur les *Chars d'assaut* :

« Le combat s'engage dans des conditions extrêmement défavorables dues au mauvais temps et au terrain complètement détrempé et haché de coupures. De plus l'ennemi se sert d'obus fumigènes qui enveloppent les chars d'un nuage opaque et aveuglent leur progression. Sur la droite, des mitrailleuses placées au sud de la colline de Hooglede arrêtent l'infanterie toute la matinée et jusqu'au moment où, dans la soirée, les chars réussissent à les mettre hors de combat.

» Au centre, les Saint-Chamond ne peuvent traverser la zone marécageuse au nord de la route Staden-Roulers et s'y enlisent. Mais les chars légers de la compagnie 334 du 504e R. A. S. débordant Hooglede par l'ouest, se rabattent, dans l'après-midi, sur Stantvig et, par ce mouvement, forcent l'ennemi à battre en retraite. Enfin vers la gauche, le second groupe Saint-Chamond, le 37e, atteint Gits dans la journée pendant que la compagnie 335 assure, avec le 226e régiment d'infanterie, la prise de Geite-Saint-Joseph.

» Les positions ennemies ainsi entamées, la lutte reprend le lendemain matin 15 octobre. La compagnie de chars 335 fait franchir à l'infanterie le ruisseau de Prinnebeck et l'aide à atteindre son objectif qui est la route Roulers-Thourout.

» La compagnie 336 coopère, dans un combat très dur, à l'enlèvement de Gitsberg et de la station, d'où l'ennemi se retire.

» Plus au sud, l'attaque sur Beveren, commencée

le 15 au soir par l'infanterie avec une seule section de chars de la compagnie 301, est reprise le 16 à 6 heures du matin avec deux sections; elle progresse jusqu'à 1.500 mètres au delà d'Ardoye.»

A partir du 17 octobre c'est la poursuite victorieuse. L'artillerie d'assaut y aide l'infanterie de tout son pouvoir.

« Deux sections de la compagnie 335, chargées de tourner le village de Zeswege, trouvant l'ennemi en fuite devant elles, entrent dans le village au lieu de le tourner, et les mitrailleuses qui tiennent encore dans les maisons se rendent à merci. Deux chars poussent jusqu'à Hille, sur la route Bruges-Cambrai, et ouvrent ainsi le passage à la cavalerie qui se lance alors en terrain libre.

» Au centre, vers Coolscamp, réduisant les nids de mitrailleuses qui arrêtent l'infanterie, les chars des compagnies 334 et 336 font une progression de quatorze kilomètres en combattant, et capturent plus d'une centaine de prisonniers.

» Ailleurs, l'on pousse jusqu'à deux kilomètres de Thielt sans difficulté sérieuse. Mais là, l'infanterie est arrêtée par des mitrailleuses; une section de chars intervient, fait reprendre à l'infanterie le mouvement en avant et gagner encore 1.800 mètres, malgré qu'une pièce antichars lui ait démoli deux appareils.

» Le 18 octobre, la seule section restant disponible de la compagnie 335 pousse encore vers Beer, et un char aide à la progression, en dépit d'un épais brouillard et jusqu'à la coupure d'un ruisseau infranchissable.

» Les huit chars qui restent aux compagnies 334 et 336 déterminent la prise de possession de deux fermes, à l'est de Hooilhoek, qui avaient jusque-là arrêté toute la progression; leur apparition et le tir efficace de leurs canons démoralisent l'ennemi qui met bas les armes.

» Devant Thielt l'attaque n'a lieu que le 19 octobre après une forte préparation d'artillerie. Deux sections de chars y participent sur les lisières ouest sans résultats immédiats, mais le lendemain la ville ne contient plus d'ennemis. »

On conçoit aisément qu'un tel effort, si prolongé et si tendu, ait considérablement affaibli ces trois héroïques compagnies du 504e R. A. S. Cinquante-huit heures de marche, sur un parcours de 74 kilomètres, dans un pays de marécages et par un temps de pluie, leur avaient fait perdre 50 p. 100 du personnel et du matériel.

Aussi le 20 octobre se décide-t-on à ne pas leur en demander davantage, et elles sont rassemblées au sud de Roulers pour se reconstituer. D'ailleurs, notre mouvement de poursuite est maintenant irrésistible, et, à la fin d'octobre, les armées alliées des Flandres bordent l'Escaut.

Entre la Sambre et l'Aisne, pendant le même temps, l'avance générale s'accentuait chaque jour. Mais elle allait rencontrer une forte résistance dans la région de Guise où l'ennemi semblait avoir voulu organiser le pivot de son repli. C'était dans la zone de marche de la Ire armée française du général Debeney.

Le 17 octobre l'objectif de cette armée était constitué par la ligne du canal de l'Oise à la Sambre, Verly, Tupigny, Hannapes, Etreux, terrain très accidenté et couvert de bois étendus comme la forêt d'Andigny au sud-ouest de Wassigny.

Le général commandant l'armée, qui a chargé le 15e C. A. de l'attaque principale, lui attribue le

1er bataillon de chars légers du 507e débarqué la veille à Saint-Quentin.

Les deux premières compagnies arrivées sont affectées au 112e régiment d'infanterie, et l'autre au 7e groupe de bataillons de chasseurs.

Partant d'une position à l'est de Seboncourt, les colonnes d'attaque atteignent, dans la première journée, d'abord Marchavennes, puis Petit-Verly; mais l'ennemi résiste et même contre-attaque, ce qui oblige à remettre la poursuite au lendemain 18 octobre. Ce jour-là l'une des deux compagnies de chars, précédant les bataillons de chasseurs, pousse au delà de Petit-Verly, pendant que l'autre livre à l'infanterie Petit-Thiolet et la ferme Demi-Lune, forçant ainsi l'ennemi à passer à l'est du canal.

Peu après, toute la Ire armée se trouve sur la rive gauche de l'Oise. Elle marche sur Guise par le plateau accidenté de Pleine-Selve, entre la vallée de l'Oise à gauche, et le cours du Peron à droite. Les trois bataillons de chars légers du 507e R. A. S. sont mis à sa disposition. (*Voir croquis n° 8.*)

« Le 25 octobre l'une de ses compagnies est engagée pour appuyer l'attaque d'infanterie. Deux chars sautent sur des mines, huit autres sont démolis ou restent en panne; mais le village est enlevé et conservé avec plusieurs centaines de prisonniers.

» Le 26, les trois bataillons marchent à l'attaque générale de la 47e division d'infanterie. »

Il est formé trois colonnes d'attaque ayant chacune une compagnie de chars. La manœuvre se déroule normalement et, en fin de journée, elle se termine sur la ligne Courjumelles-Signal d'Origny, d'où l'ennemi s'est retiré en nous laissant 500 prisonniers.

Le 30 octobre, nos avant-gardes le retrouvent en

Noyal
122
Guise
162
CT
158
Macquigny
Hauteville
132
109
92
La Désolation
rnot
du Moulin
Oise R.
Audigny
136
123
Louvry
Jonqueuse
161
Bois de
120
149
128
123
nal
Bertaignemont
161
Marle
88
la Capelle
126
147
144
144
142
Mont d'Origny
Viermont
121
150
111
119
La Bretagne
108
97
120
St d'Origny
Monchagrin
133
117
Monplaisir
98
100
100
101
132
Courjumelles
St Rémy
78
73
100
101
Landifay
150
100
113
100
Villancet
102
Torcy
Seru
147
128
118
147
145
61
Pleine Selve
143
115
Parpe-la-Cour
Parpeville
Faucouzy
121
120
60
122
141
120

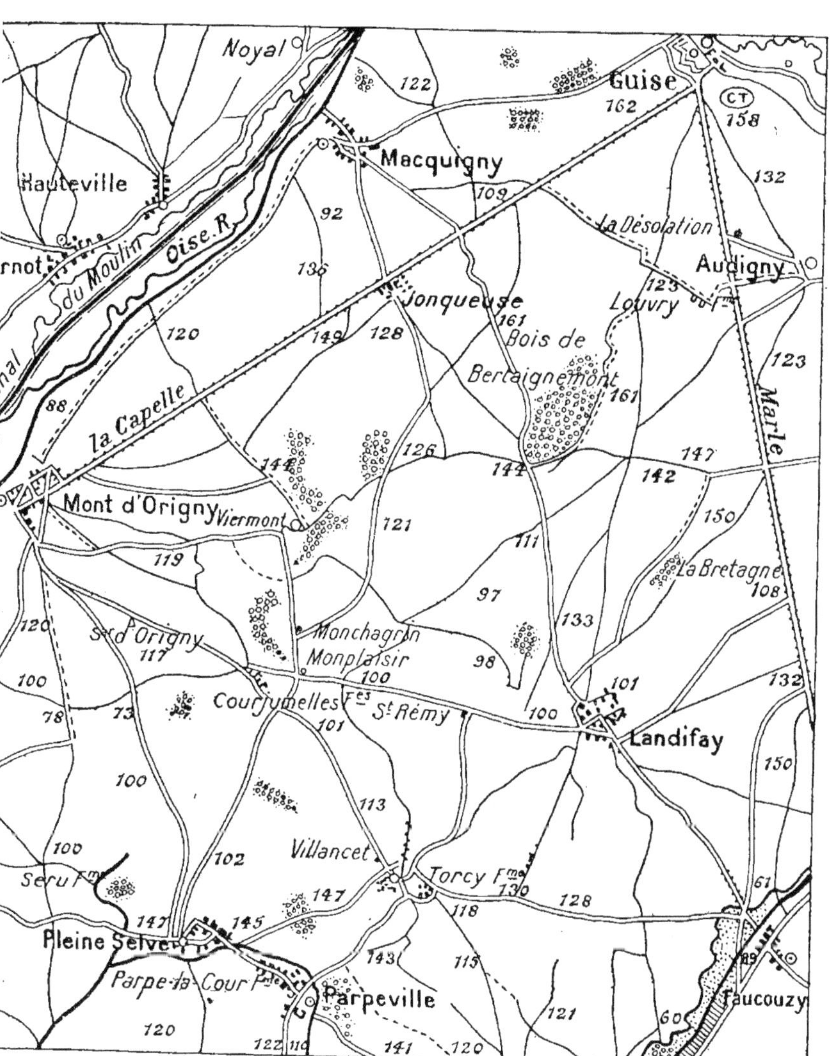

Croquis n° 8.

force aux approches de Guise. Dans le dispositif d'attaque, qui a pour objectif Andigny et Flavigny, le 507e R. A. S. en entier est affecté au 20e corps d'armée.

Suivant la règle générale, des sections de chars prennent la tête des colonnes; elles atteignent et dépassent la route Valenciennes-Marles, et la nettoient. Soudain un vent violent rabat la fumée de nos tirs d'encagement, et les mitrailleuses ennemies en profitent pour s'acharner sur notre infanterie qui ne peut, pour cette raison, rester sur les positions avancées conquises par les chars. Ceux-ci persistent à soutenir le combat et subissent de grosses pertes.

En somme « la journée était coûteuse et sans résultats ».

Cependant, la situation d'ensemble ne faisait que s'améliorer. Les Anglais, à la gauche de la 1re armée française, continuaient à progresser; et à droite la Xe armée franchissait la Serre, et la Ve armée poussait de l'avant entre Sissonne et l'Aisne. Ici le général Guillaumat s'était heurté à la Hunding-Stellung, cette seconde position de défense ennemie qui doublait en arrière la ligne Hindenburg, et sur laquelle les généraux allemands avaient l'ordre d'accepter le combat.

Le commandant de la Ve armée avait à sa disposition les trois bataillons du 502e R. A. S.

« Les 1er et 3e bataillons qui arrivent les premiers dans la zone de l'avant, sont transportés par tracteurs de Reims vers Nizy-le-Comte, dans le secteur du 21e corps d'armée.

» Le 3e bataillon doit opérer dans la région Saint-Quentin-le-Petit avec la 170e division d'infanterie; et le 1er bataillon, à la droite du 3e, avec la 43e division dans la région de Banogne.

» Les chars doivent, pour l'attaque de chaque

objectif successif, dépasser l'infanterie, car il s'agit d'emporter des positions parfaitement organisées et qui vont être défendues — c'est prévu — avec opiniâtreté. Les positions de départ sont gagnées sur la rive nord du ruisseau des Barres, dans la nuit du 24 au 25 octobre, sous la protection d'avions masquant de leur ronflement le bruit des moteurs des chars.

» L'attaque est déclanchée à 6 h. 30. Les observatoires ennemis sont aveuglés par des obus fumigènes, et des groupes d'artillerie spéciaux ont été désignés pour réduire les pièces antichars et autres résistances actives. Mesures d'impérieuse nécessité, car la défense contre les chars est fort méticuleusement organisée : de nombreux minenwerfer légers sont dissimulés dans l'herbe, et des pièces de 77 enterrées au ras du sol, soigneusement camouflées, généralement à la tête des ravins. Enfin des champs de mines sont dispersés principalement le long des routes et aux abords immédiats des villages.

» L'attaque se bute d'abord à une grande quantité de mitrailleuses qui ont échappé à la préparation d'artillerie en se portant en avant des premières lignes; mais les chars arrivent à les réduire.

» La compagnie de gauche fait déborder, par une de ses sections de chars, Saint-Quentin-le-Petit et amène la conquête de ce village devant lequel deux de nos chars ont sauté.

» Au centre de la division, les chars, malgré leurs pertes, permettent l'occupation d'une partie des lignes tandis que, à droite, ils n'atteignent que la position intermédiaire, car tous, à l'exception d'un seul, sont frappés par une pièce de 77.

» Dans la division de droite, les chars combattent avec acharnement sous les pièces antichars qui leur font beaucoup de mal; ils détruisent de nombreuses mitrailleuses et permettent à l'infanterie de progresser jusqu'aux réseaux. »

Le surlendemain 27 octobre, le 502e R. A. S. reçoit son 2e bataillon; il le met aussitôt à la disposition du 13e corps d'armée qui opère à la droite du 21e, entre Recouvrance et Condé-les-Herpy.

Le 29, ce bataillon appuie, avec deux compagnies, la 151e division qui doit fournir l'effort principal au centre. Ces compagnies ont ordre de pousser le plus loin possible avant la nuit.

« L'attaque ne commence qu'à 11 heures. Les chars aident de façon efficace au débouché et à la progression de l'infanterie qui s'arrête, seulement en raison de l'insuccès des corps voisins, sur les positions de Recouvrance et de Condé. »

En définitive, par toutes ces actions énergiques, la Hunding-Stellung se trouvait largement ébréchée. La Ve armée y avait cueilli 2.000 prisonniers et de nombreux canons.

Notons à la gloire du 502e R. A. S. que ses intrépides équipages avaient pour leur part payé ce succès de 51 chars détruits.

c) **Troisième phase.**

La brièveté de la phase finale de la bataille décisive ne permet pas à l'artillerie d'assaut de sortir de la réserve où on l'avait placée en Lorraine, en vue de la manœuvre stratégique qui, selon toutes les probabilités, aurait porté le coup de grâce à la suprématie militaire de l'Allemagne lorsque sonna l'heure bénie de l'armistice.

Seules les quelques rares unités qui ont été maintenues à tout hasard dans les Flandres, demeurent mêlées à la lutte jusqu'à la fin suprême; ce sont : un bataillon du 504e R. A S., le 12e; les trois bataillons du 503e, les 7e, 8e et 9e, et le groupement Saint-Chamond 12.

Le bataillon du 504e était à la disposition de la IIe armée britannique du général Plumer.

« Le 31 octobre, il part avec la 34e division à l'attaque du village de Anseghem, à cheval sur la voie ferrée Courtrai-Audenarde.

» Malgré d'assez nombreuses mitrailleuses et les difficultés provenant du franchissement de plusieurs ruisseaux, les objectifs sont atteints à 9 heures du matin.

» Le mordant de l'infanterie et surtout des Ecossais, et l'ardeur des équipages des chars d'assaut avaient permis une progression assez rapide de deux kilomètres. »

Le général Herbert Plumer le reconnaissait officiellement dans la lettre suivante adressée au général Degoutte, commandant le groupe des armées des Flandres :

« Je tiens à vous remercier, mon général, pour les tanks que vous avez eu l'amabilité de mettre à ma disposition, le 10 octobre 1918. Ils ont prêté une aide très utile à mes troupes. Notre infanterie parle avec enthousiasme de la manière dont ils ont fait leur devoir. »

Après cette dernière opération, le bataillon du 504e R. A. S. est retiré du front et remplacé par tout le 503, dont un bataillon passe aux ordres du commandant du 34e corps d'armée, un autre à la disposition du 30e corps, et le troisième reste en réserve d'armée. Quant au groupement 12 Saint-Chamond on le réserve pour être employé par la IIe armée britannique après le passage de l'Escaut.

« Le 1er novembre quelques sections du 1er bataillon avec leur infanterie parviennent à Nazareth, puis à Eecke, et des chars du 2e bataillon, après avoir parcouru presque d'une seule traite quarante kilomètres, arrivent à Synghem.

» Le 2 novembre, d'autres chars appuient, sans avoir à combattre, une reconnaissance de cavalerie et d'infanterie qui pousse plus au nord, jusqu'à Seevergem, aux rives de l'Escaut. »

× ×

Sur les routes de la retraite, les Allemands ne s'arrêteront plus..............................

....

V.

Conclusion.

J'en ai fini et je conclus.

Nous savons ce qu'a été la guerre d'hier : totalement différente de la conception que nous nous en étions faite, d'après les enseignements du passé.

Or, sans être grand clerc, on peut conjecturer que la guerre de demain, par sa forme, ses procédés et ses moyens, ne ressemblera pas davantage à celle d'hier.

Mais, au-dessus de la versatilité des affaires du monde un élément subsiste, permanent et toujours semblable à lui-même, c'est l'homme, le soldat.

Et lui, en tout état de cause, pour remplir sa fonction, dans un conflit armé, aura toujours besoin de ces deux qualités essentielles : force physique et force morale.

Cultiver l'une et l'autre est donc notre œuvre aujourd'hui, œuvre capitale pour laquelle on devra faire tous les sacrifices nécessaires si l'on ne veut pas de nouveau subir l'épouvante d'être encore une fois surpris par les événements.

RAYMOND LAFITTE.

Versailles, le 10 janvier 1920.

TABLE DES MATIÈRES.

PARIS ET LIMOGES. — IMPRIMERIE ET LIBRAIRIE MILITAIRES CHARLES-LAVAUZELLE.

L'Artillerie d'assaut.

Guerre 1914-1918.

Général BAQUET. — **Souvenirs d'un Directeur de l'Artillerie.** *Les canons. Les munitions (novembre 1914-mai 1915).* In-8° de 186 p. 6 »

Général X. Y. — **Réflexions sur l'art de la guerre.** In-8° de 204 p. 5 »

Général GOMER CASTAING. — **Sur le front : Méditations et Pensées de guerre** (août 1914-mars 1918). Préface du général DE MAUD'HUY. Volume in-18 de 220 pages........ 5 »

LUCIEN CORNET, sénateur. — **1914-1915 ; Histoire de la guerre :**

TOME Ier (des origines au 10 nov. 1914). In-8° de 380 pages..... 7 50
TOME II (du 10 nov. 1914 au 31 mars 1915). In-8° de 360 pages. 7 50
TOME III (1915. *L'Italie. La Russie. Les Dardanelles*). In-8° de 344 pages........ 9 »
TOME IV (1915. *Le Front de France. Les Balkans*). In-8° de 386 pages........ 10 »
TOME V *(En préparation).*

ERNEST GAY, Président du Conseil général de la Seine. — **Paris Héroïque. La grande guerre.** Avec le *Discours-Préface* prononcé par M. POINCARÉ Président de la République, le 19 octobre 1919, à la remise de la croix de guerre à la ville de Paris. Volume in-8° de 340 pages........ 7 50

Docteur LÉON WAUTHY. — **Psychologie du soldat en campagne.** Grand in-8° de 108 pages, broché........ 5 »

E. DE LARMINAT. — **La Topographie chez l'ennemi. Comment nous dressions la carte du terrain occupé par l'adversaire.** In-8° de 96 pages........ 5 »

La Grande Revanche (1870-1871) (1914-1919). Conférences morales et patriotiques sur la Grande Guerre qui nous a donné la Victoire. Ouvrage de vulgarisation pour les soldats et la jeunesse de France. Volume in-8° avec portraits de M. Clemenceau et des trois maréchaux, gravures et cartes (16e édition)........ 3 50

PIERRE DAUZET. — **Guerre de 1914. De Liège à la Marne,** avec croquis et carte en couleurs des positions successives des armées. Préface de M. Gabriel HANOTAUX, de l'Académie française. (15e édition entièrement refondue.) Volume in-8° de 124 pages........ 3 75

PIERRE DAUZET. — **Guerre de 1914. La bataille des Flandres** (*6 octobre-15 novembre 1914*), avec une carte en couleurs et deux croquis. Volume in-8° de 132 pages........ 3 75

Capitaine KUNTZ. — **1914-1915. Les Opérations franco-britanniques dans les Flandres.** Volume in-18 de 136 pages, avec 9 croquis et 2 cartes hors texte........ 3 75

Comte DE CAIX DE SAINT-AYMOUR. — **Guerre de 1914. La marche sur Paris de l'aile droite allemande.** *Ses derniers combats (26 août-4 septembre 1914),* avec trois cartes. (5e édition, revue et considérablement augmentée.) Volume in-18 de 184 pages........ 3 »

ANDRÉ LAINÉ, pilote-aviateur, instructeur technique. — **Dictionnaire de l'Aviation.** Préface de M. Paul PAINLEVÉ, membre de l'Institut, ancien président du Conseil. In-18 de 408 pages........ 12 »

CHARLES LAFON, lieutenant de vaisseau, aviateur-aéronaute, lauréat de l'Institut. — **Les Armées aériennes modernes (France et étranger).** *Ouvrage suivi d'une étude sur l'action des flottes aériennes pendant la guerre 1914,* avec 8 croquis ou gravures dans le texte. In-8° de 268 pages, broché........ 6 »

CHARLES LAFON, lieutenant de vaisseau, aviateur-aéronaute, lauréat de l'Institut. — **La France ailée en guerre.** In-8° de 284 pages.... 10 »

www.ingramcontent.com/pod-product-compliance
Ingram Content Group UK Ltd.
Pitfield, Milton Keynes, MK11 3LW, UK
UKHW021105260726
13994UKWH00002B/717